Ruth Heil · Wer redet, sündigt – wer schweigt, auch

Ruth Heil

Wer redet, sündigt – wer schweigt, auch

Einander besser verstehen lernen

mediaKern

Bibliografische Information der Deutschen Nationalbibliothek
Die Deutsche Nationalbibliothek verzeichnet diese Publikation in der
Deutschen Nationalbibliografie; detaillierte bibliografische Daten sind im
Internet über http://www.dnb.de abrufbar.

ISBN 978-3-8429-1621-0
Bestell-Nr. 5.121.621

Bibelzitate: Die Bibel nach Martin Luthers Übersetzung, revidiert 2017,
© 2016 Deutsche Bibelgesellschaft, Stuttgart.

© 2018 mediaKern GmbH, 46485 Wesel
Umschlagbild: Getty Images / Porechenskaya
Umschlaggestaltung & Layout: Ch. Karádi
Gesamtherstellung: Drukarnia Dimograf, Bielsko-Biała, Polen
Printed in the EU 2018

www.media-kern.de

*Ohne meine Familie
wäre dieses Buch nicht möglich gewesen.
Sie lieferte den Stoff für viele der Beispiele.
Aber sie unterstützte mich auch,
wenn ich am Computer saß.
Mein Mann war mir eine ständige
Ermutigung, weiterzumachen.
Nicht zuletzt möchte ich Elisabeth danken,
die viele Stunden einsetzte,
um mich freizuhalten.*

Inhalt

Einführung	8
1. Wort, Ton, Körpersprache	11
2. Über das Schweigen und das Reden	38
3. Kritik, Krisen, die Kraft des Ja und Nein	67
4. Gesprächsbonbons	90
5. Gefühle, Angst, Aggression, Sorgen	104
6. Selig sind die Sanftmütigen	150
7. Prägungen und Selbstwert	170
8. Mann und Frau – Männer und Frauensprache	190
9. Sprachen der Liebe und Missverständnisse	245
10. Die Sprache der Erziehung	258
11. Vergebung, Heilwerden und segnen	276
Anhang	293
Literaturnachweis	299

Einführung

»Nirgends gibt es mehr Märtyrer als in den Ehen. Dort wird auf der ganzen Welt am meisten gelitten«, hat ein Pfarrer festgestellt. Und mit Sicherheit ist hier nicht hauptsächlich körperliche Gewalt gemeint, sondern die Verletzung durch Worte und das Vorenthalten von Worten, das Schweigen. Verständlicherweise! Denn nur, wo man liebt, kann man so tief verletzen und verletzt werden. Je länger wir einen Menschen kennen und mit ihm zusammenleben, desto mehr begreifen wir, wie schwer es ist, ihn wirklich zu verstehen. Und es zeigt uns auch, wie schwierig es offensichtlich auch für ihn ist, das, was wir meinen, richtig zu deuten. Aber kennen wir uns denn selbst?

Zu Beginn einer Freundschaft scheinen sich Menschen oft bestens zu verstehen. Sie tauschen ihre Gedanken miteinander aus und lernen sich immer besser kennen. Leider versäumen sie, sich später auch die Veränderungen mitzuteilen, die an jedem im Laufe seines Lebens geschehen. Sie werden einander fremd durch »Nichtmitteilen des Anderswerdens«. Wir müssen also ein Leben lang miteinander im Gespräch bleiben, um für den anderen begreifbar zu bleiben.

Bei jedem Gespräch spielen Erwartungen eine Rolle. Wir haben oft die Vorstellung, dass der andere so denkt wie wir selbst. Die Andersartigkeit verstehen wir manchmal als Angriff. Unsere Blockade lässt nicht zu, dass wir die empfangene Botschaft richtig einordnen. Innerer

Rückzug, Verletzungen oder Machtkämpfe sind die Folge. Unsere Vergangenheit zeigt sich versteckt in jedem Gespräch. Unsere Prägungen lassen uns reagieren. Wir strecken innere Fühler aus, ob wir angenommen oder abgelehnt, akzeptiert oder als minderwertig betrachtet, respektiert oder belächelt werden. Der Blick spielt in der Körpersprache eine bedeutsame Rolle. Was legen wir in unseren Blick hinein, was liest der andere heraus?

Beim Reden spricht eben nicht nur der Mund. Das gesprochene Wort soll angeblich nur etwa 10 % der Verständigung ausmachen. Etwa 40 % der Mitteilung bestimmt der Ton der Stimme, der das Gesagte unterstreicht oder hinterfragt. Am stärksten aber nimmt mein Gegenüber meine Körpersprache wahr. Sie verrät ihm viel von dem, was in mir geschieht.

Um die 50% spreche ich also ohne Worte. Ich teile mich über meine Mimik mit, das schließt insbesondere meinen Blick ein. Nicht umsonst sagt man: »Wenn Blicke töten könnten!« Mit dem Blick geben wir etwas von unserm Inneren preis.

Hier sind wir beim tiefsten Geheimnis der Kommunikation: Ich kann dem anderen nur so viel sein, wie ich mir selbst bin. Wer sich selbst nicht zu weinen gestattet, gestattet es meist dem anderen auch nicht. Wer hart zu sich selbst ist, geht meist auch hart mit anderen um.

Nichts auf der Welt kann mehr zerstören als Worte – nichts aber kann auch so nachhaltig aufbauen und froh machen. Das Wort kann Waffe und Medizin werden, wenn es im richtigen Moment gesprochen wird.

Auch Minderwertigkeitsgefühle spiegeln sich in unserer Kommunikation wider. Aus dem Gefühl der Minderwertigkeit äußern wir uns entweder überhaupt nicht, weil wir meinen, nichts zu sagen zu haben – oder wir reden ohne Unterlass, um wahrgenommen zu werden.

Mit Zuhören beginnt unser Leben.

Lernen wir, richtig zu hören, um richtig antworten zu können! Der tiefste Schlüssel liegt dabei in Gott. Er ist der Dolmetscher aller Sprachen. Wenn wir bei ihm in die Schule gehen, lernen wir zu hören, zu verstehen und im richtigen Moment zu reden.

1. Wort, Ton, Körpersprache

Die Entwertung des Wortes

Wir leben in einer Zeit der vielen Worte. Einmal zählte jemand, wie viele Worte die Europäische Gemeinschaft braucht, um den Verkauf von Kraut zu regeln: Er kam dabei auf etwa 20 000.

Dagegen hat das Vaterunser, das fast zweitausend Jahre alt ist, in jeder Sprache nur etwa 70 Worte. Viele Worte garantieren offensichtlich nicht unbedingt Qualität.

Wort, Ton, Körpersprache

Das Wort ist das Tor zum Menschen. Aber zum Wort gehört seine »Verpackung«. Das Wort selbst trägt beim Zuhörer nur mit 7% zur Verständigung bei.

Beim *Wort* schwingen unterschiedliche Dinge mit:
- wie ich selbst Sprache gelernt und in der Vergangenheit erlebt habe,
- welche Bedeutung ich Worten gebe,
- was ich von mir selbst preisgebe,
- wie ich mich dem Menschen gegenüber fühle, der mit mir spricht,
- welches Verhältnis ich zu ihm habe.

Weit mehr bewirkt der *Ton*. »Der Ton macht die Musik«, sagen wir landläufig. In der Tat verstärkt der Ton das gesprochene Wort mit 38%. Er unterstreicht das Gesagte oder schwächt es ab.

Der Ton vermittelt das Gesagte ohne Worte.

Noch stärker spricht unsere *Körpersprache*. Durch Mimik, Gestik und Blick können wir Wort und Ton infrage stellen. 55% von dem, was wir denken und fühlen, geben wir mit der Körpersprache preis. Hier wird unsere Beziehung zum Gegenüber deutlich. Annahme und Ablehnung spiegeln sich in unseren Augen.

Was Blicke bewirken

Der Blick gehört zur Körpersprache, dem nonverbalen Aspekt unserer Kommunikation. Die Art, wie wir den anderen anschauen, verstärkt das Gesagte oder stellt es infrage. Blicke können töten und lebendig machen. Blicke drücken Annahme oder Ablehnung aus.

Zusätzlich zu dem, was wir ausdrücken wollen, werden unsere Worte durch die Stimmungslage unseres Zuhörers interpretiert.

Unsere Blicke können das Gesagte unterstreichen, dem Gesagten widersprechen, es infrage stellen, aufmuntern, Angst machen, Vorwürfe hinüberschleudern, Ablehnung signalisieren, Gleichgültigkeit mimen, abwesend und starr sein, liebevolles Verstehen zeigen, Feuer sprühen, sich von jemandem abwenden, anerkennend zustimmen. Es gibt aufmunternde, irritierende, liebevolle, interessierte, lächelnde, ironische, abweisende, freche, tötende, schmunzelnde Blicke.

Blicke können töten und lebendig machen. Menschen können uns so ansehen, dass wir dabei froh werden. – Aber ein Blick in die Augen eines finsteren Menschen kann das Blut in uns erstarren lassen. Vom Anblick eines unreinen Menschen kann man sich beschmutzt fühlen.

»Das Auge ist des Leibes Licht«, sagt Jesus in Matthäus 6,22. Das Auge ist auch des Leibes Grab. Durch unser Auge geben wir preis, wer unser Inneres beherrscht.

Ein Blick genügt. Durch den ermunternden Blick eines Lehrers gelingt einem Schüler die Klassenarbeit weit besser, als wenn dieser ihn stirnrunzelnd anschaut.

Es braucht bei manchen Menschen nur einen Blick, ein Augenzwinkern, um das Feuer der Verliebtheit in ihm zu entfachen. Blicke sprechen eine deutliche Sprache, ohne dass der Mund sich dabei öffnen muss.

Blicke können aber auch vertuschen, überspielen, sich verstellen. Blicke gehören zur Maske unseres erlernten Verhaltens. Es gibt die Möglichkeit, sich hinter ihnen zu verstecken. Aber wir haben sie nicht immer im Griff. Oft verraten sie uns.

»Schau mich doch nicht so böse an.« Unser Junge war trotz mehrmaliger Verwarnung wieder viel zu spät gekom-

men. Als er durch die Tür kam, sah er an meinem Gesichtsausdruck, dass ich sehr ärgerlich darüber war. Mit hängenden Schultern und gesenktem Blick kam er auf mich zu. Dieses Mal würde es nicht ohne Strafe abgehen, das spürte er deutlich. »Strafe muss ja sein«, sagte er schuldbewusst. »Das ist okay. Aber schau mich doch nicht so böse dabei an.«

Dieser Punkt scheint mir gerade in der Erziehung wichtig zu sein: das Kind annehmen, es trotz Übertretung von Geboten weiter liebhaben, dies durch den Blick auch signalisieren, aber in aller Deutlichkeit Grenzen setzen!

Eltern, die keine Grenzen setzen, überfordern sich gelegentlich so sehr, dass sie ihr Kind nicht mehr lieben können.

Besser ist es, deutlich Grenzen aufzuzeigen und dafür zu sorgen, dass sie eingehalten werden, als sich selbst dauernd zu überfordern – und das Kind schließlich abzulehnen.

Unsere Kinder brauchen den Blick der Annahme, um mit uns in Kontakt zu bleiben.

Blicke können falsch interpretiert werden. Während eines Vortrags saß in meinem direkten Umfeld eine Frau, die intensiv zuhörte, dabei aber ein kritisches Gesicht zeigte. Ich fühlte mich infrage gestellt, kritisiert, unfähig, ihren Ansprüchen gerecht zu werden. Ich war sicher, dass sie mich nach dem Vortrag ansprechen würde. Und so war es auch. Aber statt der erwarteten niederschmetternden

Kritik folgte ein tiefes Gespräch. Sie fühlte sich ungemein angesprochen und sah plötzlich vieles in ihrem Leben mit anderen Augen. Ihre Mimik hatte ich völlig falsch gedeutet. Hätte ich diese Deutung angesprochen, bevor sie geredet hätte, wäre es niemals zu einem solch offenen Dialog gekommen.

Die Deutung unserer Wahrnehmung muss keineswegs dem entsprechen, was der andere damit ausdrückt. Im Bereich der Mimik kommt es sicher zu den meisten Missverständnissen.

Deshalb muss es über das, was wir sehen, und das, was der andere empfindet, einen Austausch geben, damit wir nicht Falsches hineindeuten. Dies geschieht durch eine gute Kommunikation. Leider lassen wir uns oft zu schnell durch unsere Deutung verwirren. Ein nachdenklicher Blick wird häufig mit einem kritischen verwechselt. Wenn einer nach außen mangelnde Teilnahme signalisiert, kann dies möglicherweise nur Unsicherheit bedeuten. Der scheinbar Ruhige zittert innerlich. Und der bedrohliche Blick ist nur eine Maske, hinter der sich unsere Angst versteckt.

Angst verändert unsere Wahrnehmung.

Wir dürfen nicht jeden Blick auf uns beziehen. Wer ein Beziehungsmensch ist, pflegt seine Kontakte auch durch Blicke. Er sieht schon am Blick, wie es dem anderen geht. Er wird mit dem Gruß, den er über die Straße ruft, auch einen liebevollen Blick hinüberwerfen. Damit lässt er den anderen wissen, dass er ihm wichtig ist.

Aber mit dem Blick kann auch das Umgekehrte signalisiert werden: dass etwas nicht stimmt. Dass eine Trübung stattgefunden hat. Dass vielleicht ein Gerücht dem anderen das Gefühl gab, man hätte sein anvertrautes Geheimnis ausgeplaudert.

Je enger eine Beziehung wird, umso anfälliger ist sie für Störungen, falls der Blick falsch gedeutet wird. Besser gesagt: Die Irritation tritt besonders dann auf, wenn trotz der Begegnung oder Anwesenheit des anderen der Blickkontakt *nicht* stattfindet. Dann entsteht das Gefühl, dass man vorsätzlich übersehen wird und nicht wahrgenommen werden will. Verstanden wird, ohne dass ein einziges Wort fällt: »Geh mir aus den Augen«, was so viel heißt wie: »Ich will dich nicht sehen und keinen Kontakt mit dir haben.«

Ich war im Dorf unterwegs und sah auf der gegenüberliegenden Straßenseite eine liebe Bekannte. Sie hatte mich ebenfalls wahrgenommen. Aber statt dem fröhlichen Gruß, der sonst immer ausgetauscht wurde, blickte sie weg und tat so, als hätte sie mich nicht gesehen.

Das verwirrte mich. Ob im Dorf jemand etwas Dummes geredet hatte? Oder war sie sauer, weil ich mich einige Zeit nicht bei ihr gemeldet hatte? Ziemlich bedrückt kam ich nach Hause und sprach mit meinem Mann darüber. »Typisch du«, sagte er lachend. »Meinst du nicht, Angelika darf auch einmal ein Problem haben, das sie nicht unbedingt mit dir teilen will? Vielleicht ist sie einfach nicht gut ›drauf‹. Du musst dich nicht in jedermanns Gefühle einmischen«, meinte er, als ich mich zur Klärung ans Telefon begeben wollte. »Warte doch ab.« Wie es sich später herausstellte, war Angelika auch zum Einkaufen unterwegs gewesen. Da einer ihrer nächsten Verwandten gestorben war, war sie den Tränen nah und wollte nicht angesprochen werden. Deshalb zeigte sie Abweisung, um Gespräche zu vermeiden.

Laute Blicke. Ablehnende Blicke sprechen eine laute Sprache. Sie sagen:
- »Ich lehne dich ab. Ich will mit dir nichts zu tun haben.«
- »Du bist mir unangenehm.«
- »Du hast mich enttäuscht, beleidigt, verletzt.«
- »Bleib weg von mir!«

Menschen, die aufeinander ärgerlich sind, schauen sich oft nicht mehr in die Augen. Wer sich verletzt fühlt, will den Blicken des anderen nicht begegnen. Leider haben sich gerade bei Ehepaaren im Lauf der Jahre manchmal so viele Verletzungen angesammelt, dass sie sich nicht mehr liebevoll anschauen. Wenn sie in eine Diskussion miteinander geraten, wirken ihre Blicke fast todbringend. Während man als verliebtes Paar viel Zeit damit zubringen konnte, sich in die Augen zu schauen, beschränkt sich das Anschauen schließlich nur noch auf die ärgerlichen Momente. Beide Partner erleben ihre Augen als Waffen, die gegeneinander gerichtet sind, und nicht mehr als Ort, an dem sie sich angenommen fühlen.

Der liebevolle Blick auf den Rücken. Mein Mann und ich waren in einem Gespräch mit einem Ehepaar. Sie gingen durch eine Beziehungskrise. Anklagen und Vorwürfe waren schon schlimm genug. Aber am meisten fühlte ich mich durch die hasserfüllten Blicke getroffen, die die Frau mit ihren Vorwürfen verband.

Als der Mann einen Moment nach draußen gegangen war, sprach ich mit ihr: »Ich verstehe Ihren Ärger und Ihre Enttäuschung, aber bitte kontrollieren Sie Ihre Blicke. Die schmerzen sogar mich, obwohl sie mir doch gar nicht gelten. Wenn Sie wieder zu Hause sind, versuchen Sie bitte ab und zu, Ihren Mann liebevoll anzuschauen.« Sie winkte entsetzt ab: »Ihn liebevoll anschauen? Unmöglich! Das bekomme ich nicht fertig.«

»Dann beginnen Sie mit einem liebevollen Blick auf seinen Rücken, wenn Sie ihn gerade vor sich sehen«, gab ich ihr als Aufgabe.

»Nun ja«, meinte sie, »das bekomme ich vielleicht gerade noch fertig.«

»Ein freundliches Antlitz erfreut das Herz.«
(Sprüche 15,30)

Ton, Stimme, Stimmung

Egal, wie gut ein Spieler sein Instrument beherrscht, es wird katastrophal klingen, wenn er es vorher nicht gestimmt hat. »Es stimmt etwas nicht«, sind wir geneigt zu sagen, wenn sich irgendwo ein Fehler eingeschlichen hat. Ein Instrument muss gestimmt werden, bevor man darauf spielt. Dies gilt besonders im Bereich der Kommunikation, wenn man eine wichtige Botschaft hat, die im anderen zum Klingen kommen soll. Doch wenn der andere nicht bereit ist, »sich stimmen zu lassen«, wird die größte Anstrengung, auf ihm zu spielen, nur Misstöne hervorbringen. Das Instrument Mensch hat vom Schöpfer einen starken Willen bekommen.

Aber selbst, wenn beide »Instrumente« gestimmt sind, kann es noch zu Schwierigkeiten kommen. Wenn nur einer sich »im Ton vergreift«, ist die Unterhaltung gestört. Ein Misston, ein falscher Griff, führt zur Fehlinterpretation des ganzen Stückes. Gerade am Instrument wird uns klar, wie schwer es manchmal ist, eine gute Unterhaltung zu führen.

Stimmungen sind übertragbar. Als ich noch im Beruf stand, sah ich mit einem Blick, welche Stimmung auf der Station war, wenn ich morgens ankam. Ich musste nur ins Gesicht der leitenden Schwester schauen. Der Blick verriet mir, was mir an diesem Tag begegnen würde: Gereiztheit und Unannehmlichkeiten, oder Gelassenheit und Ausgeglichenheit. Hatte ich sie angeschaut, wusste ich, ob es an diesem Tag auch unseren Kranken auf der Station gut oder schlecht gehen würde.

Blicke verraten die Gefühlslage. Und unsere Stimmungen übertragen sich im Guten und Schlechten auf die Stimmung anderer. Ein freundlicher Blick richtet einen Kranken auf. Ein unfreundlicher Blick verschlechtert seinen Zustand. Mit bewusster Freundlichkeit kann ich einem Menschen helfen, sich besser zu fühlen. Schenken wir doch mehr Freundlichkeit! Nicht nur dem Briefträger, sondern auch den Menschen, die es nicht so verdienen und die uns durch ihre Laune den Tag vermiesen wollen!

Stimmung hängt oft mit dem eigenen Körpergefühl zusammen. Wenn ich mich in meiner Haut wohlfühle, bin ich nicht so schnell angreifbar und sicherer in meinem Auftreten und Argumentieren. Bevor ich zu einem Fernsehauftritt unterwegs bin, überlege ich genau, in welcher Kleidung ich mich an diesem Tag besonders wohlfühlen werde. Kleidung ist die zweite Haut der Frau.

Stimmung verändert sich mit den Aussagen, die die Umwelt mir einflüstert. Meine Haut ist hell und bräunt sich nicht so leicht. Früher wurde ich deshalb öfter angesprochen: »Fehlt dir etwas?«, »Du siehst so blass aus!«, »Geht es dir nicht gut?« Spätestens bei der dritten Frage hatte ich das Gefühl, krank zu sein, und fühlte mich in meiner Haut nicht mehr wohl. Die gut gemeinten Nachfragen hatten mein Körpergefühl verändert. Inzwischen trage ich etwas Rouge auf, bevor ich aus dem Haus gehe. Die Reaktionen: »Du siehst heute gut aus!« -»Wie das blühende Leben.« -»Na, dir scheint's ja gut zu gehen.« Manchmal muss ich schmunzeln, denn die meisten solcher Aussagen kommen, wenn ich ein bisschen zu viel Rouge aufgetragen habe.

- Übertrage ich Unzufriedenheit auf andere?
- Habe ich oft schlechte Stimmung?
- Durch was wird diese Stimmung ausgelöst?
- Wie könnte ich in Zukunft damit umgehen?

Missstimmungen

Missstimmungen entstehen durch Überlastung, Krisen, Persönlichkeitsveränderung, Unzufriedenheit, Zyklus, Krankheit.

Wer mit sich selbst nicht umgehen kann, kommt oft auch mit anderen nicht zurecht.

Unzufriedenheit kann unterschiedliche Entstehungsgeschichten haben. Wer häufig unzufrieden ist, sollte daran arbeiten, Dinge zu verändern, die die Unzufriedenheit bewirken. Was nicht zu umgehen ist, dem sollten wir uns stellen und es annehmen lernen.

Wer ständig unzufrieden ist, überfordert auf Dauer die Menschen, die ihm vertraut sind. Denn er erwartet von ihnen Verständnis und Lösungen, die sie oft gar nicht geben können. Meist kommt es dabei zu Missstimmungen, weil der Angesprochene sich überfordert fühlt. Wer ständig mit missgelaunten Menschen zu tun hat, wird häufig auch missgelaunt werden.

Missstimmungen treten bei der Frau oft im Verlauf ihres Zyklus auf. Das Östrogen als sogenannter »Stimmungsmacher« kommt gegen Ende des Zyklus auf seine niedrigste Stufe. Viele Frauen erleben diese Phase als Zeit der Spannung, der Empfindlichkeit und des Unwohlseins. Manche fühlen sich regelrecht krank. Ein Ehemann drückte es einmal so aus: »Meine Frau hat jeden Monat für ein paar Tage eine Krise. Aber das dauert meist nur drei Tage. Dann ist es wieder vorbei. Ich brauche mich nicht groß darum zu kümmern. Ich weiß schon immer: Es geht vorüber.«

Das ist eigentlich traurig. Denn auch wenn jemand die Ursache seiner Missstimmung kennt, kann er trotzdem nicht ohne weiteres etwas dagegen tun.
Zuwendung in der Zeit der Missstimmung ist ein Ausdruck wirklicher Liebe.

Missstimmungen können auf Dauer krank machen. Was wir erleben, wirkt sich auf den Körper aus. Nicht umsonst sagen wir:
- »Das macht mich krank – verrückt – schwach.«
- »Das bereitet mir Kopfschmerzen.«
- »Das schlägt mir auf die Nieren.«

- »Ich fühle mich gekränkt.«
- »Es liegt mir schwer im Magen.«

Man sollte Missstimmungen nicht einfach hinnehmen. Häufig sind sie ein Signal von Körper oder Seele, dass etwas nicht in Ordnung ist. Was möglich ist, sollte man durch Arztbesuch, Aussprache oder Therapie klären.

Die beste Medizin gegen Unzufriedenheit ist die Dankbarkeit.

Wie Jesus mit Menschen umging

Blick: Jesus sah den reichen Jüngling an und hatte ihn lieb – obwohl er zu dem Zeitpunkt schon wusste, dass dieser sich nicht von seinem Reichtum trennen würde, um ihm nachzufolgen (Markus 10,17–22)!

Wort: Judas gibt Jesus einen Kuss als Zeichen, dass er der von den Hohepriestern Gesuchte ist. Jesus sagt in aller Ehrlichkeit zu Judas: »Mein Freund!« Bis zuletzt spricht er ihn als Freund an, als einen, den er liebhat!

Umarmung: Jesus erzählt das Gleichnis vom Vater mit den zwei Söhnen. Als der verlorene Sohn endlich nach Hause zurückkehrt, geht der Vater ihm entgegen und umarmt ihn.

Berührung: Jesus rührte Menschen an, und sie wurden

gesund. Er legte seine Hände auf die Kranken, und sie wurden heil.

Die größte Form der Annahme ist, einem Menschen bis zuletzt eine Chance zu geben.

Körpersprache

Unsere Hände und Füße drücken aus, was in unserem Inneren vor sich geht:
- »Es ist zum Weglaufen«, denke ich in manchen Situationen.
- Unruhig sitze ich auf dem Sessel und möchte am liebsten weggehen, weil mir ein Gespräch unangenehm ist.
- Ich wehre mit den Händen ab, weil ich mit etwas nicht einverstanden bin.
- Ich lege meine Hand auf den Mund, weil mich das Gehörte sprachlos macht.
- Ich sinke in mich zusammen, während jemand mich beschimpft oder beschuldigt.
- Ich rücke während des Gesprächs mit meinem Stuhl vom anderen ab, zeige unbewusst mit dem äußeren meinen inneren Abstand.
- Ich lasse vor Staunen den Mund offen stehen.
- Ich huste aus Verlegenheit.

Ich kann Zuneigung zeigen, indem ich
- mich jemandem zuwende,
- ihn liebevoll berühre,
- seine Körpersprache übernehme – indem ich die Hände ähnlich zusammenlege oder wie er im Sessel sitze,
- ihm beim Kommen die Arme entgegenstrecke,
- ihn umarme, ihm einen warmen Händedruck gebe, leuchtende Augen habe.

Wir sagen: »Deine Augen verraten dich«, und drücken damit aus, dass wir erkannt haben, was der andere wirklich meint.

»Dein Gesicht spricht Bände«, sagen wir zu einem Freund und wissen, ohne dass er etwas gesagt hat, was er mitteilen will. Hängende Schultern zeigen uns seine Bedrückung; sein schwingender Gang aber gibt preis, dass er sich wohlfühlt und froh ist.

Wenn ich mich zu den Füßen des anderen setze, heißt das: »Lass mich von dir lernen.« Der mahnende Zeigefinger aber weist den anderen unfreiwillig auf die Schulbank. Berührung signalisiert innere Nähe. Verschränkte Arme zeigen meinen Abstand und Rückzug, abgewandte Blicke verraten Ablehnung.

Wer nach unten sieht, ist verlegen oder beschämt. Traurigkeit drückt sich aus in zusammengefallener Haltung, in Falten auf der Stirn, langsamen Bewegungen bis zur Bewegungslosigkeit oder Erschütterung des Körpers, verbunden mit Tränen.

Unser Körper spricht die laute Sprache der Zuwendung und der Ablehnung. Er verrät unsere innersten Gedanken und fasst sie in Gefühle, die der andere mit Nähe und Distanz beantwortet.

Manchmal ist ein Mensch durch Leid, Verletzung, Trauer oder Verlust blockiert. Um dem anderen zu signalisieren, dass ich ihn trotzdem verstehe, kann ich *bewusst meine Körpersprache einsetzen:* Ich reiche ihm ein Taschentuch oder trockne seine Tränen. Ich rede leise auf ihn ein. Ich schweige mit ihm, halte ihn an der Hand und sage: »Weine ruhig, ich bin bei dir.«

Von der Bedeutung der Tränen

In unserer Kultur sind Tränen Privatsache. Tränen in der Öffentlichkeit werden als Zeichen angesehen, dass man sich nicht beherrschen kann. Man weint nicht vor anderen. Immer noch lehren Mütter ihre Söhne: »Jungen weinen nicht.«

Gerade Männern ist es noch mehr verwehrt als Frauen, Gefühle überhaupt und insbesondere Tränen zu zeigen. Je weiter wir in den Süden gehen, desto mehr entdecken wir in anderen Ländern und Kulturen, dass Männer und Frauen dort ohne Scheu weinen.

Der Prozess der Trauerarbeit verkürzt sich, je mehr ein Mensch seine Gefühle zulässt und auch nach außen kehren kann und darf.

Während der Beratung von Paaren weinen viel mehr Frauen als Männer, wenn sie von schmerzlichen Verletzungen in ihrer Partnerschaft sprechen. Die ganze Not bricht dabei nach außen. Oft ist ein Mann aber durch die Tränen seiner Frau irritiert. Er fühlt sich dadurch unter Druck gesetzt und meint, dem Willen der Frau nachgeben zu müssen. Manchmal ist für den Mann die Erinnerung an die eigene Mutter damit verbunden, die Tränen benutzte, um etwas zu erreichen.

Oft weiß der Mann nicht, wie er reagieren soll, fühlt sich hilflos. Als ich einen Mann darum bat, seiner Frau den Arm um die Schulter zu legen, als sie sehr schluchzte, lehnte er es ab mit der Begründung: »Dann hört sie überhaupt nicht mehr auf.« Er hatte es allerdings noch nie ausprobiert.

Bei einem Eheseminar wurden die Männer in der Runde gefragt: »Was unternehmen Sie, wenn Ihre Frau weint?«

Die Antworten waren zum Weinen: »Ich gehe hinaus und warte, bis es vorbei ist.« – »Wenn ich weiß, dass ich schuld bin an ihren Tränen, kann ich sie doch nicht auch noch trösten. Für mich sind Tränen immer Anklage.« – »Tränen sind für mich Erpressungsversuche, damit ich nachgeben soll.« – »Wenn ich mich dauernd nur mit ihren Tränen beschäftigen sollte, hätte ich sonst nichts anderes mehr zu tun.«

Ein junger Mann äußerte: »Wenn meine Frau weint, setze ich mich neben sie und weine mit. Dann hört sie meist wieder schnell auf.« Und ein anderer sagte: »Wenn meine Frau weint, frage ich immer nach dem Grund. Aber manchmal weiß sie selbst keinen.«

Frauen weinen in der Regel öfter. Es ist eine Trauer in ihrer Seele, die sie nicht in Worte fassen können.

Warum Frauen weinen: Frauen weinen bei Überforderung und fühlen sich dadurch meistens erleichtert. Auch wenn das Weinen nicht die Probleme löst, wird doch der innere Knoten ein wenig gelockert. Frauen weinen bei Missstimmungen und inneren Verletzungen. Aber sie weinen auch aus Freude über das Neugeborene, über die Nähe mit ihrem Mann, über eine gute Nachricht.

Wer weinend im Gebet sein Herz vor Gott ausschüttet, der hat den besten Platz für Tränen gewählt.

Tränen sind offensichtlich das Verarbeitungsmaterial unserer Seele. Wenn wir etwas *hinausweinen*, brauchen wir es nicht *hinunterzuschlucken*. Es tritt durch die Augen nach außen. Tränen geben der Seele die Möglichkeit, die tiefe, innere Empfindung der Freude nach außen zu tragen. Und sie wirken entlastend, weil Traurigkeit und Schmerz nicht im Innern bleiben müssen.

Aber nicht jedes Weinen erleichtert. Wir hören aus den Ausdrücken »heulen, plärren, jammern, quengeln« heraus, dass sie auf das Gegenüber eher abstoßend wirken. Auch für den Weinenden selbst sind solche Ausbrüche nicht immer eine Hilfe, sondern führen manchmal dazu, dass er sich in ein negatives Gefühl hineinsteigert, das eher krank als gesund macht.

Ob Tränen helfen, muss der Weinende für sich selbst entscheiden.

In ihrem Buch »Ich gestatte mir zu weinen – Wie man Traurigkeit durch Tränen überwindet« schreibt Marianne Kawohl: »Nicht wenige Experten aus medizinischen, therapeutischen Berufen vertreten die Hypothese, die gleiche Salzsäure, die in Tränen enthalten sei, sei auch in der Flüssigkeit enthalten, die sich in Magengeschwüren befinde – und Männer leiden, weil sie weniger weinen, bekanntlich häufiger unter Magengeschwüren als Frauen. Weinen ist also für das körperliche Wohlbefinden wichtig. Die Tränen dienen dazu, die empfindlichen Oberflächenteile des Auges feucht zu halten. Möglicherweise ist die Tränenabsonderung gar ein Abfallbeseitigungssystem des Körpers. Die emotionsbedingten Tränen enthalten Stoffe, die vom Körper in Stresssituationen in größerer Menge erzeugt und ausgeschieden werden. Für den Mediziner fühlt sich der, der häufiger weint, in der Regel wohler.«

Tränen kommen heraus, helfen Schmerz loszulassen, heilen, lösen den Druck (ähnlich dem Ventil am Dampfkochtopf). *Tränen sind ein Geschenk Gottes für die vielen Emotionen der Frau.*

Tränen als Machtmittel. Leider können Tränen auch raffiniert als Machtmittel oder als Verstärker eingesetzt werden, um ein Ziel zu erreichen, ebenso als Druckmittel oder um jemandem Schuldgefühle zu machen. Dann sind sie kein Hilfsmittel für einen Heilungsprozess, sondern blockieren ihn.

Dürfen Christen überhaupt weinen? Eigentlich haben sie keinen Grund mehr dafür. Mit dem Vater im Himmel haben sie die stärkste Kraft der Welt auf ihrer Seite. Das stimmt grundsätzlich. Aber noch leben wir auf dieser Erde, empfinden Verletzung, Schmerz und Trauer. Und deshalb brauchen wir auch Tränen.

Paulus gibt der Gemeinde in Rom eine interessante Aufgabe. Er sagt in Römer 12,15: »Weinet mit den Weinenden.« Er sagt an dieser Stelle nicht: »Tröstet sie.« Er fordert auf: »Weint mit denen, die traurig sind. Stellt euch mit ihnen auf eine Stufe. Lasst euch auf ihre Gefühle ein. Versteht sie mit dem Herzen. Nehmt teil an ihrem Schmerz.«

Das würde bedeuten, zu dem Weinenden zu sagen: »Weine ruhig. Ich bin bei dir. Ich verstehe deinen Schmerz. Es ist wirklich traurig, was dir passiert ist.« Jesus scheute sich nicht, Tränen über Jerusalem zu vergießen (Lukas 19,41). Es schmerzte ihn, was für ein Leid auf die Menschen dieser Stadt zukommen würde. Er trauerte und zeigte dies durch seine Tränen.

Wir brauchen als Christen nicht ins »Leere« zu weinen. Wir dürfen uns ausweinen am Herzen des Vaters, der alle Tränen sammelt, die würdigen und unwerten, weil er den Zustand unserer Seele sieht und uns trösten will.

Widersprüchliche Botschaften

Es hat geklingelt. Vor der Tür stehen liebe Freunde. Ich freue mich und erschrecke zugleich. Da ich sie gerne mag, bin ich über ihren Besuch glücklich. Weil sie aber in ihrem Leben so großen Wert auf Ordnung legen, erschrecke ich beim Gedanken, dass sie hereinkommen könnten: Es sieht bei uns ziemlich chaotisch aus, da unsere Enkelkinder gerade zu Besuch waren.

Ich bin unschlüssig, wie ich mich verhalten soll. So beobachte ich mich selbst, wie ich die Tür öffne und sage: »Herzlich willkommen! Wie schön, dass ihr da seid.« Gleichzeitig merke ich, wie ich sie mit der Hand hinaus- statt hereinwinke.

Ob sie wirklich nur schnell »Hallo« sagen wollten, wie sie vorgaben, oder ob sie intuitiv meine Körpersprache verstanden, weiß ich nicht. Ich hatte ihnen jedenfalls, ohne es bewusst zu steuern, beide Botschaften gegeben: »Herzlich willkommen – bleibt bitte draußen!«

Vom Lächeln beim Reden

In einem Handbuch für Manager steht: »Lächeln Sie beim Reden. Das macht Sie Ihrem Gegenüber angenehm. Die Worte kommen anders aus Ihrem Mund, wenn Sie dabei lächeln, und wirken positiv auf Ihren Gesprächspartner, sogar am Telefon.«

Dazu möchte ich Ihnen ein Beispiel erzählen: Aus einem Katalog wollte ich Bettwäsche bestellen. Meine Einkaufsliste war etwas lang geworden, und ich strich wieder einiges aus, um Kosten zu sparen. Als ich die Bestellung am Telefon durchgab, nahm ein Mann meine Bestellung entgegen. Ich merkte, dass ich die Nummern nicht lesen konnte, da ich vergessen hatte, meine Brille neben das Telefon zu legen. »Lassen Sie sich Zeit, ich warte gerne«, sagte er freundlich.

Schließlich fand ich die Brille und gab etwas hektisch die Bestellung durch. Wieder reagierte er gelassen und zuvorkommend. Ich war so angenehm davon überrascht, dass ich auch die durchgestrichenen Artikel mitbestellte. Als ich aufgelegt hatte, war ich über mich selbst erstaunt. So etwas war mir zuvor noch nicht passiert. Die Freundlichkeit hatte mich verleitet, mehr zu bestellen, als ich ursprünglich wollte.

Ob dies reine Verkaufstaktik oder natürliche Freundlichkeit dieses Menschen war, kann ich nicht beurteilen. Sein freundliches Verhalten, sein Lächeln beim Reden hatten auf jeden Fall Wirkung gezeigt.

Lächeln beim Reden, statt griesgrämig die Mundwinkel nach unten zu ziehen, würde sicher manches Gespräch zu einem anderen Ergebnis kommen lassen.

Kleidung

Durch Kleidung gebe ich mir eine Deutung, wer ich bin oder sein will. An der Kleidung sieht man oft, wie ein Mensch sich fühlt. Besonders Frauen drücken in dem, was sie anziehen, unbewusst ihre innere Stimmung aus. Deshalb finden Frauen manchmal nichts zum Anziehen im Schrank, obwohl er voll von Kleidern hängt. Dunkle Kleidung kann Bedrückung und Traurigkeit ausdrücken. Es muss natürlich nicht immer so sein. Wer stark auf Mode fixiert ist, wird die dunkle Farbe manchmal wählen, weil sie gerade »in« ist.

Mancher betont sein Äußeres, um innere Unsicherheit zu vertuschen. Oder er fühlt sich zu wenig beachtet und möchte damit seinen Selbstwert steigern.

Wer gerne leuchtende Farben trägt, will aber nicht unbedingt auffallen. Vielleicht drückt er damit einfach Lebensfreude aus. Gott hat die Blumen auch nicht nur in zarten Farben gestaltet, sondern manche in grellem Gelb, intensivem Blau und leuchtendem Rot.

In ihrem Buch »Mach dich mal wieder schön« schreibt Marianne Kawohl über psychotherapeutische Erfahrungen mit Kleidung (S. 47–48):

»Menschen, die sich selbst für nicht besonders attraktiv halten, neigen eher zu Depressionen, als solche, die ein positives Selbstbild haben.

Schwere Depressionen gehen (fast immer) mit ungepflegtem Äußeren einher, doch man sollte das ungepflegte Äußere nicht immer nur als die Folge der Depression betrachten, sondern auch die Depression als Folge des Ungepflegtseins. Denn wie kann sonst Kosmetik wie ein Antidepressivum wirken – oder sogar noch besser und vor allem ohne Nebenwirkungen? Falls Sie zu mir in die Sprechstunde kämen, würde ich dieses Thema mit Ihnen ohnehin durchsprechen, würde Sie fragen, was Sie an Ihrem Körper besonders schön finden und was nicht, würde Ihnen empfehlen, allein in stiller Stunde Ihren Kleiderschrank zu öffnen und alles, was Sie besitzen, nach und nach zu betrachten.

Denn sobald Sie sich schön finden (trotz der Schönheitsfehler, die ja nur ein Zeichen für Originalität sind!), sich in Ihrer Haut wohl fühlen, sind Sie seelisch gesund.«

Wenn ich mich selbst leiden kann, komme ich mit mir und auch mit anderen besser zurecht.

»Das Aussehen ist so eng mit der seelischen Stabilität von Frauen verknüpft, dass Kosmetik sich als eine nützliche Begleittherapie bei psychischen Störungen erweist. Kosmetik kann einen Heileffekt haben; denn einer Frau, die besser aussieht, fällt es leichter, sich selbst anzunehmen«, schreibt Rita Freedman zutreffend.

Früher trug man nach dem Tod eines Angehörigen schwarze Kleidung. Man wollte durch dieses äußere Zeichen Fremden begreiflich machen, warum man zu manchem Spaß nicht aufgelegt war und nicht so fröhlich sein konnte. Die Kleidung übernahm diese Botschaft. Da aber beim Älterwerden immer mehr der Verlust im Vordergrund steht, kamen manche Menschen aus dem Trauern nicht mehr heraus. Die Phase des Älterwerdens wurde zu einer Zeit endloser Traurigkeit. Denn selbst wenn man für kurze Zeit das Leid verdrängte, erinnerte die Kleidung immer neu daran.

Dunkle Kleidung sollte man nicht tragen, weil andere es von einem erwarten. Und ab und zu sollte man auch über das Gute bei allem nachdenken: Vielleicht blieb dem Verstorbenen ein langer Leidensweg durch seinen schnellen Tod erspart. Vielleicht war der lange Dahinsiechende letztlich auch dankbar, manches noch vor seinem Tod in Ordnung zu bringen?

Und es bleibt die Frage, ob der Verstorbene gewollt hätte, dass wir seinetwegen so intensiv leiden. Vielleicht hätte er gewünscht, dass wir uns schneller wieder mit dem Leben befassen.

Körpergeruch

»Jemanden nicht riechen können«, das hängt meist nicht damit zusammen, dass unangenehme Gerüche ausgedünstet werden. Es bezeichnet vielmehr die innere Abneigung, die man einem Menschen entgegenbringt. Oft ist dies gar nicht an Fakten festzumachen. Es ist vielmehr ein negatives Gefühl, das einen daran hindert, mit einem Menschen Kontakt aufzunehmen oder zu pflegen. »Der stinkt mir«, meint meinen Abstand, den ich zu diesem Menschen habe. In seiner Gegenwart fühle ich mich nicht wohl. Seine Art zu reden, sein Ausdruck, seine Argumentation sind mir zuwider.

Aber auch Körpergeruch wirkt abstoßend. Ein Mensch kommt einem dadurch ungepflegt vor. Man nimmt automatisch Abstand und meidet seine Nähe. Körperpflege ist deshalb wirklich kein Luxus. *Wer sich nicht pflegt, darf sich nicht wundern, dass er anderen stinkt.*

Während meiner Ausbildung hatten wir auch Psychologie- und Psychiatrieunterricht. Der Psychiater lehrte uns, dass jeder Mensch chemische Stoffe an sich trägt, die von der Nase nicht bewusst wahrgenommen werden. Diese senden Signale aus, auf die der andere reagiert. »Sich nicht riechen können«, kann damit zusammenhängen. Da sich im Laufe unseres Lebens die Intensität der Stoffe verändert, kann es deshalb auch sein, dass zwei Menschen, die sich ursprünglich sehr gut verstanden, plötzlich gereizt aufeinander reagieren.

Im Zyklus der Frau strömt sie zur Zeit der größten Fruchtbarkeit sogenannte Pheromone aus. Diese bewirken eine verstärkte Anziehungskraft auf den Mann. Die meisten Frauen fühlen sich zu dieser Zeit des Zyklus besonders wohl.

Auch die Bibel spricht über Geruch: »Wir sind für Gott ein Wohlgeruch Christi« (2. Korinther 2,15).

Wer gewaschen ist im Blut des Lammes, der trägt den Geruch des Sohnes Gottes an sich, und Gott kann ihn gut riechen!

2. Über das Schweigen und das Reden

Die Macht der Zunge

Wenn Gott redet (1. Mose 1): Gott spricht, es geschieht. Gott schafft Himmel und Erde durch sein Wort. Die Schlange verführt den Menschen durch ihr Wort. Der Mensch verführt den Menschen durch sein Wort. *»Das Wort ward Fleisch und wohnte unter uns – und wir sahen seine Herrlichkeit«* (Johannes 1,14).

Jesus ist das Wort, das uns den Vater im Himmel begreiflich macht.

Jesus kommt als Wort Gottes und stellt die Gemeinschaft zwischen Gott und Menschen wieder her – und heilt uns durch sein Wort. Er stellt die Gemeinschaft zwischen Mensch und Mensch wieder her.

Worte sind Macht.

Wenn der Mensch redet. In Jakobus 3,5–6 und 8 heißt es: »So ist auch die Zunge ein kleines Glied und rühmt sich großer Dinge. Siehe, ein kleines Feuer, welchen großen Wald zündet es an. Als die Welt der Ungerechtigkeit nimmt die Zunge ihren Platz ein unter unseren Gliedern. Sie befleckt den ganzen Leib und steckt den Familienkreis in Brand und wird selbst von der Hölle in Brand gesteckt. Die Zunge aber kann kein Mensch zähmen, das unruhige Übel voll tödlichen Gifts.«

Diese Worte sind so klar, dass kaum etwas hinzugefügt werden muss. Wenn der Mensch spricht, kommt es zu Missverständnissen, Verletzungen, Unklarheiten. Es scheint fast, als ob Verderben folgt, sobald er den Mund öffnet. Wir brauchen Gottes Wort, damit unser Wort Heilung – und nicht Zerstörung bewirkt.

Wenn der Mensch zu schweigen lernt im richtigen Moment, kann es Weisheit sein. Wenn Gott allerdings schweigt, ist es furchtbar. Dann hört Leben auf.

Von der Gabe zu reden und der Gabe zu schweigen

Sowohl Reden als auch Schweigen sind Gaben. Eingesetzt zur richtigen Zeit verhindern sie Schaden und fördern Heilung.

Vor einiger Zeit sagte mein Mann zu mir: »Ich kann Gott heute von ganzem Herzen dafür danken, dass er mich eher zu einem ruhigen Menschen geschaffen hat.« – »Und wieso siehst du das jetzt so?«, wollte ich wissen. »Weißt du, die spontanen Menschen haben wohl sehr viel schneller Worte als die Stillen. Aber dadurch werden sie auch schneller schuldig und müssen sich öfter entschuldigen. – Ich muss immer nur einen, du meistens zwei Wege gehen«, fügte er lächelnd hinzu. Ich wollte natürlich eine Erklärung. – »Es ist ganz einfach: Wenn du dich entschuldigst, musst du immer zu mir *und* zu Gott gehen. Da ich meist meine Gedanken nicht so schnell ausspreche, muss ich nur zu Gott gehen, also nur einen Weg, und ihn um Vergebung bitten für das, was ich gedacht habe.«

Reden: »*Wie goldene Apfel auf silbernen Schalen ist ein Wort, gesprochen zur rechten Zeit*« (Sprüche 25,10). Wer sich leicht ausdrücken kann, hat schnell ein Wort bereit, um jemanden zu trösten. Oft hat er auch den leichteren Zugang zu seinen Gefühlen und kann sie einfacher zum Ausdruck bringen.

Die Gefahr allerdings ist groß, ebenso schnell ein Wort zu sagen, ohne es genau bedacht zu haben. Wie viele Menschen würden Worte gerne rückgängig, ungesagt machen, wenn dies möglich wäre. Wem das Wort zufällt, der spricht ohne zu überlegen – Unüberlegtes. *»Wo viele Worte sind, da geht es ohne Sünde nicht ab.«* (Sprüche 10,19) *Wer gerne redet, spricht auch schnell Ungutes über andere.*

Reden ist die Brücke zum anderen Menschen. Manche Menschen drängt es, sich mitzuteilen, ihre Gedanken in Worte zu fassen. In unserer Zeit gibt es aber eher weniger Zuhörer als solche, die reden wollen. Durch dieses Defizit bedingt ist auch folgende Annonce zu verstehen, die ich in unserer Tageszeitung fand: »Für 20,– € höre ich Ihnen für eine geschlagene Stunde zu. Rufen Sie an!« Frauen haben meist das größere Bedürfnis, sich mitzuteilen. Sie reden in der Regel über Beziehung. Meist brauchen sie mehr Zeit zum Sprechen, weil auch die Dinge am Rande für sie wichtig scheinen.

Männer sprechen häufiger über spezielle Themen, um die Meinung des anderen zu hören und mit ihren eigenen Schlussfolgerungen zu vergleichen.

Jedes Gespräch ist auf seine Weise wichtig, keines darf gegen das andere ausgespielt werden.

Schweigen: Reden ist Silber, Schweigen ist Gold?!
Reden kann wirklich Silber sein, wertvoll, aufbauend, ermutigend. Aber Reden kann auch zerstören und einen ganzen Freundeskreis spalten. Im richtigen Moment zu schweigen kann das Beste sein, wozu sich jemand entscheidet. Durch Schweigen ist sicher auf dieser Welt weniger Unrecht geschehen als durch Reden.

Und doch kann Schweigen todbringend sein, wenn der Schweigende sich nicht im richtigen Moment entscheidet zu reden. Sicher ist es sinnvoller zu schweigen, wenn jemand aufbrausend und ärgerlich reagiert, als ihn durch unangebrachte Widerreden noch mehr aufzubringen. Es kommt allerdings auf die Art des Schweigens an. Schweigen kann man auf die unterschiedlichste Weise. Dabei wird die Körpersprache umso deutlicher reden. Schweigen kann auch Hilflosigkeit, ja buchstäblich Sprachlosigkeit ausdrücken. Ärger, Zurückhaltung, Vorwurf, Angst, Verzweiflung, Hoffnungslosigkeit, Bitterkeit und Traurigkeit können der Grund sein, dass jemand nicht mehr den Mund aufmachen will. Es gibt Menschen, die durch zu starke verbale Verletzungen buchstäblich mundtot gemacht worden sind.

Die gute Art des Schweigens kann Wundervolles ausdrücken: Man ist so beeindruckt, dass es einem die Sprache verschlägt. Schweigen kann die Bereitschaft zum Zuhören signalisieren oder Faszination ausdrücken.

Man kann aus Liebe schweigen, weil man eine tiefe innere Harmonie nicht durch Worte stören will.

Interesse ist eine Art des Zuhörens, die ausdrückt, dass man dazulernen möchte. Es gibt auch glückliches Erstaunen, Ergebenheit, Hingabe, Einverständnis.

Es kommt auf die Art des Schweigens an. Und es kommt darauf an, in welcher Verfassung der Redende den Schweigenden vermutet und wie er sich selbst fühlt. In jedem Gespräch finden die unterschiedlichsten Interaktionen statt:

Schweigen kann Verweigerung bedeuten, eine Gesprächsbarriere bilden, die sich wie eine eisige Mauer zwischen Menschen stellt, unüberwindlich, endgültig. Wer schweigt, sagt nichts Verkehrtes. Schweigen kann entfremden. Nicht nur, wer redet, kann sich schuldig machen, auch wer schweigt, kann massiv schuldig werden.

Wer zum Unrecht schweigt, trägt ebenso Schuld wie der, der das Unrecht durch seine Worte bewirkt.

Schweigen kann auch Rückzug und Verletztheit ausdrücken. Mancher schweigt aus Resignation, aus dem Gefühl heraus: Ich habe sowieso keine Chance, gegen ihn/sie anzukommen. Wer aus Berechnung schweigt, sammelt Argumente, um später noch effektiver zurückschlagen zu können.

Ein liebevolles Schweigen dagegen, das den anderen ernst nimmt, ihm aufmerksam zuhört, ist die schönste Form der Zuwendung, die ein Mensch dem anderen schenken kann.

Charles Joseph von Ligne (1735–1814), österreichischer Feldmarschall und Schriftsteller, sagt: »*Man kann auf eine Art zuhören, die mehr ist als das Gefälligste, was man sagen kann.*«

Gute Gesprächsmittel

Die Stimme zurücknehmen: Durch eine laute Stimme fühlt sich der Gesprächspartner häufig angegriffen, auch wenn's nicht so gemeint ist. Wer seine Stimme etwas zurücknimmt, wird damit die größere Aufmerksamkeit erreichen, besonders dann, wenn er sonst laut ist. Elisabeth, meine Freundin, ist von Beruf Verkäuferin. Zurzeit hat sie Probleme mit der Stimme. Sie kann nur flüstern. Als sie vor einigen Tagen im Geschäft bediente, meinte ein Mann seufzend zu ihr: »Wenn dies nur einmal meiner Frau passieren würde!«

Sachlich argumentieren: Bei der Beschuldigung Jesu, er treibe den Teufel durch Beelzebub aus, den Obersten der Teufel, argumentiert er ganz sachlich, warum dies nicht möglich sei (Matthäus 12,24–30).

Für den Mann sind beim Gespräch in der Regel Fakten viel wichtiger, als Emotionen zu zeigen. Emotionen stürzen den emotionsarmen Kommunikationspartner in ziemliche Verwirrung.

Sich dem anderen zuwenden: Wer sich dem anderen zuwendet, zeigt damit Zuneigung. Ich begebe mich auf seine Höhe und schaue ihn nicht von oben herab an. Auch im Blick kann ich Zuwendung und innere Anteilnahme signalisieren. Deshalb ist es gut, nicht nebeneinander, sondern sich gegenüber zu sitzen. So kann ich den anderen beim Gespräch anschauen und ihn noch besser verstehen.

Jemandem sein Ohr leihen – zuhören: Wer einem wichtig ist, dem leiht man sein Ohr. Aber man wird ihn auch dabei anschauen und andere Arbeit liegenlassen. Anteilnahme kann ich zeigen, indem ich mich einem Menschen zuwende. Wer einem Menschen zuhört, zeigt damit, dass er ihm wertvoll ist. Jeder Mensch sehnt sich nach jemandem, der ihm zuhört.

Wer seine Frau im Herzen erreichen will, muss beginnen, ihr seine beiden Ohren zu schenken! Wer seinen Mann gewinnen will, fange an, ihn zu bewundern und groß zu machen!

Zuhören ist manchmal anstrengend, besonders wenn der andere in allen Einzelheiten erzählen will, was er erlebt hat. Ich selbst fühle mich im Gespräch angenommen, wenn meinem Gegenüber wichtig ist, was ich ihm mitteilen will.

Eine unserer Töchter ist zur Zeit sehr verliebt. »Mama, es fühlt sich wie eine Krankheit an«, erklärte sie mir neulich. »Aber wenn ich es dir erzählt habe, geht es mir wieder viel besser.«

In einem Ehegespräch bat die Frau ihren Mann, einfach einmal bei ihr zu sitzen, während sie die Kartoffeln schälte. »Aber du redest doch nie dabei«, äußerte sich der Mann dazu. »Dann kann ich doch auch etwas dabei schnitzen.« – »Es ist etwas anderes, ob du mit mir schweigst und meinem Schweigen zuhörst, als wenn du dabei beschäftigt bist«, sagte die Frau ganz schlicht. »Ich möchte, dass du dich in diesen Momenten mit mir beschäftigst, auch wenn ich schweige.«

Liebevolles Zuhören ist der beste Nährboden für Verständigung.

Weitere gute Voraussetzungen für ein Gespräch:
- den anderen anschauen, ohne ihn anzustarren,
- nicken, wenn man versteht,
- den anderen nicht bedrängen weiterzureden, wenn er ins Stocken kommt,
- liebevoll, aber nicht aushorchend nachfragen,
- Unausgereiftes mit durchdenken,

- Anregungen geben ohne Besserwisserei,
- die Gefühle des anderen ernst nehmen, nicht bagatellisieren, aber auch nicht dramatisieren,
- mit den Weinenden weinen, mit den Fröhlichen lachen
- den anderen nicht unterbrechen,
- den Partner anlächeln, wenn er etwas Schönes erzählt

Schlechte Gesprächsmittel

Folgende Verhaltensweisen blockieren eine gute Verständigung:
- jemanden nicht ausreden lassen,
- ihn nicht ernst nehmen,
- jemanden mit Ratschlägen überrumpeln, die unangebracht sind,
- Kritik,
- von immer und nie sprechen,
- fehlende Offenheit,
- unklare Antworten,
- auf die Uhr schauen,
- kalte Antworten,
- Gleichgültigkeit in der Stimme,
- ein Gespräch unnötig lang machen, Einzelheiten erzählen, die den anderen langweilen,
- schweigen und trotzen,
- nichts von sich preisgeben,
- jemanden ausfragen,
- den anderen infrage stellen,

- dem Partner Vorwürfe machen,
- ihn beschuldigen,
- Über- und Untertreibung,
- dem anderen nicht richtig zuhören, sondern sich gleichzeitig mit etwas anderem beschäftigen.

- Höre ich so zu, wie ich mir wünschte, andere würden mir zuhören?
- Ist mein Gesprächsstil aufbauend, oder überfordere ich den anderen damit?
- Wäre ich gerne mit mir befreundet?
- Hätte ich mich gerne selbst als Chef/Angestellten?

Die Sprache des anderen kennenlernen

Die Sprache seines Gegenübers lernt man umso besser kennen, je mehr man sich mit ihm unterhält. Je stärker man sich mit einem Menschen auseinandersetzt, umso mehr erfährt man von seiner Andersartigkeit. Je weniger gesprochen wird, umso mehr Missverständnisse entwickeln sich.

Es gibt verschiedene Tiefen im Gespräch: Das alltägliche Gespräch des normalen Mitteilens, was erledigt werden muss, kann mit jedem geführt werden. Es ist ein eher oberflächliches Gespräch, das aber zur Klärung wichtiger Fragen nötig ist.

Ein weiteres Gespräch kann *themenorientiert* sein. Wenn zwei tolerante Partner miteinander sprechen, wird jeder davon profitieren und einiges dazulernen.

Das *liebevolle* Gespräch hat den Zweck, jemandem zuzuhören, ohne selbst dabei etwas zu erwarten. Man leiht ganz einfach sein Ohr.

Wer im Gespräch *Gefühle* einfließen lässt, nimmt dem Gespräch die Distanz. Er erzählt Dinge von sich selbst, auch Versagen. Immer wenn Gefühle mit im Spiel sind, ist auch die Gefahr da, dass Verletzungen entstehen.

Das *tiefe* Gespräch findet nur dort statt, wo zwei Menschen Vertrauen zueinander haben und sich öffnen, ohne Angst zu haben, dass das Gesagte gegen sie verwendet wird. Man gibt sich dabei preis, liefert sich aus.

So ein inniger Austausch findet häufig in der Phase der Verliebtheit statt. Leider geht er später oftmals verloren, weil zu viel Enttäuschung zwischen den Partnern steht. Durch Vergebung kann dieses Gespräch neu gelernt werden. *Tiefe Gespräche sind Nahrung für den inneren Menschen.*

Wer das Zuhören einübt, wird dabei den anderen neu gewinnen und ihm begegnen.

Gesprächsabstand: Jeder Mensch empfindet zu seinem Gesprächspartner unterschiedliche Nähe oder Distanz.

Auf einem unserer Eheseminare stellten wir die Paare einander gegenüber.

Zunächst durften die Frauen wählen, in welchem Abstand sie sich jeweils im Gespräch mit ihrem Mann wohlfühlten. Manche Frauen standen während des Gesprächs sehr nah mit ihrem Mann zusammen, einige etwas entfernt.

Nachdem alle Paare wieder auf den Ausgangspunkt zurückgegangen waren, durften die Männer nun den jeweiligen Abstand zu ihrer Frau festlegen, den sie als angenehm empfanden. Wir nahmen ein Metermaß und schrieben die Abstände in Zentimetern auf.

Außer bei einem Mann waren die Abstände, die die Männer ihren Frauen gegenüber wählten, um mindestens 10 Zentimeter mehr als die bei den Frauen. Bei manchen Paaren differierte der Abstand, den der Mann gewählt hatte, um mehr als 30 Zentimeter gegenüber dem seiner Frau.

So wie wir äußerlich einen unterschiedlichen Abstand als wohltuend oder bedrängend empfinden, haben wir auch einen inneren Abstand zum anderen.

Der eher die Nähe suchende Mensch wird auf irgendeine Weise für den, der gerne etwas mehr Abstand hätte, bedrängend wirken. Dieser wird abrücken, sobald ihm die Nähe unangenehm wird.

Einer der beiden ist also immer »auf der Flucht«, weil er einen gewissen Abstand für sein Wohlgefühl braucht. Und der Partner muss sich auf den Weg machen, ihm wieder näher zu kommen, wenn der andere ihm verlorenzugehen scheint, denn er braucht die Nähe, um sich sicher zu fühlen.

Manche Paare, aber auch Kameraden, Freunde, Tischtennispartner oder Gemeindemitglieder brauchen und suchen, ohne es so zu wollen, Streit, um den inneren Abstand neu festzulegen oder die innere Nähe wieder zu empfinden. Streiten muss also nicht nur etwas Destruktives sein, solange fair gestritten wird.

Als »fair« bezeichne ich eine Auseinandersetzung, bei der man sich nicht beschimpft, sondern gefühlsmäßig und logisch versucht, auf den Abstand, bzw. die Nähe des anderen einzugehen.

Wer eher Abstand sucht, muss auf den eingehen, der Nähe sucht. Und der Nähe-Mensch muss den Freiraum stärker akzeptieren, den der Abstand-Mensch braucht.

Diese inneren Maßstäbe behält der Mensch nicht sein Leben lang. Nach Lebenskrisen, Veränderungen oder Krankheitszeiten muss er für sich selbst und den Partner den Abstand neu definieren und begreiflich machen.

Streiten kann auch klären und verbinden.

Die Gesprächsführung bestimmt das Ergebnis: Ein versteckter Vorwurf kann zunächst gut gemeint klingen:

»Ich habe den Eindruck, du kümmerst dich zu wenig um unseren Jungen. Er sieht so bedrückt aus in letzter Zeit.«

Der Redende beginnt zwar mit seinem Eindruck, verbindet damit aber eine Schuldzuweisung. Er bringt die Bedrückung des Jungen zusammen mit der Vernachlässigung durch den Angesprochenen. Der Gesprächspartner kann selten positiv antworten, sondern wird als »Angeklagter« in Verteidigungsstellung gehen.

Besser wirkt die Aufforderung zum Helfen: »Andreas wirkt so bedrückt. Meinst du, du könntest dich ein wenig um ihn kümmern? Ich glaube, das würde ihm guttun.« Der Angesprochene kann sich frei entscheiden, ein Gespräch mit Andreas zu führen oder nicht. Er ist auf jeden Fall informiert.

Noch effektvoller ist das Eingeständnis der eigenen Hilflosigkeit und die Bitte um Mithilfe: »Ich komme an unseren Jungen gar nicht richtig heran. Du hast, glaube ich, den besseren Zugang zu ihm. Ich wäre dir dankbar, wenn du dir ein wenig Zeit für ihn nehmen könntest.« Diese Aussprache drückt Nähe aus. Der Redende signalisiert seine eigenen Grenzen. Er traut dem Gesprächspartner die größere Kompetenz zu. Und er zeigt schon im Voraus Dankbarkeit. Die Art der Gesprächsführung hebt den Gesprächspartner in eine besondere Rolle, während die erste Anfrage fast einer Anklage gleichkommt.

Auf die Frage kommt es an, damit jemand richtig reagieren kann.

Unsere Kommunikation kann berufsgeschädigt sein. Bestimmte Berufe wirken sich im Zusammenleben hinderlich aus. Dazu gehören Berufe, in denen Menschen Entscheidungen treffen müssen und über andere zu bestimmen haben oder andere überzeugen müssen, zum Beispiel Beamte, Vorgesetzte, Ärzte, Versicherungsfachleute, Lehrer, Erzieher, Richter.

Nehmen wir einmal einen Mann, der von Beruf Richter ist. Er nimmt sein Amt ernst und trifft keine oberflächlichen Entscheidungen. Bei den Kollegen wird er geschätzt und wegen seiner intensiven Beschäftigung mit jedem einzelnen Fall als sehr gerecht angesehen. Während ihm sonst in allen Bereichen Kompetenz zugetraut wird, zweifelt die eigene Frau sein Urteilsvermögen an. In seinem Beruf ist er sich sicher, von seiner Frau fühlt er sich infrage gestellt.

Oder nehmen wir eine Lehrerin. Sie unterrichtet viele Kinder. Beim Direktor ist sie anerkannt. Von den Kindern wird sie wegen ihres Durchgreifens und ihrer Liebenswürdigkeit geliebt. Der eigene Mann schätzt jedoch ihre Argumente wenig, sondern fühlt sich durch sie angegriffen. Sie dagegen hat den Eindruck, nur das Beste für ihn zu wollen!

Bei beiden finden wir im Ton und in der Körpersprache eine belehrende Haltung. Die Art, wie das Gespräch stattfindet, weist eher darauf hin, dass der Lehrer/Richter erwartet, dass der andere zustimmt – und letztlich schreibt jeder sich selbst die größere Kompetenz zu.

Blockaden zur Veränderung

»Immer und nie«, »das habe ich dir gleich gesagt« – diese Formulierungen drücken Hoffnungslosigkeit in Bezug auf Veränderung aus. Wenn er oder sie *nie* mithilft, *immer* missmutig ist, *nie* den Mantel aufhängt, *immer* die Tür offenstehen lässt, bekommt der Betroffene keine Motivation, etwas anders zu machen. Warum sollte er? Seine Anstrengung wird sowieso nicht wahrgenommen. Es ist tatsächlich schwer, alte Gewohnheiten aufzugeben, auch wenn man dies will.

Besser sind positive Bemerkungen bei kleinen Bemühungen, als Festlegungen auf das alte Muster. Das könnte sich so anhören:

- »Du hast daran gedacht, deinen Mantel aufzuhängen. Super!«
- »Heute Morgen fand ich zum ersten Mal deine Socken im Waschkorb statt vor dem Bett. Ich hab mich echt darüber gefreut.«
- »Danke, dass du die Tür hinter dir geschlossen hast.«
- »Super.«
- »Danke.«
- »Ich hab mich gefreut.«

Wer so reagiert, zeigt seinem Gegenüber, dass seine Anstrengungen bemerkt wurden. Das motiviert zur Wiederholung, auch wenn es ein weiter Weg ist, bis alte Verhaltensmuster dauerhaft verändert werden.

Zuweisungen und Festlegungen können so klingen:

- »Du wirst immer mehr wie deine Mutter.«
- »Du bist dickköpfig wie dein Vater.«
- »Du bist schlampig wie deine große Schwester.«
- »Du wirst dich nie ändern.«
- »Du landest einmal im Gefängnis.«
- »Mit dir nimmt es ein bitteres Ende.«
- »Du bist der Nagel an meinem Sarg.«
- »Du bringst mich noch um.«
- »Das schaffst du nie.«

In der frommen Sprache heißt es dann:
- »Ich muss dich halt tragen!«
- »Du bist wirklich ein Kreuz!«
- »Womit habe ich das verdient?«
- »Mit dir fühle ich mich von Gott bestraft.«

Abwertende Vergleiche können sein:
- »Du bist wie ein Elefant im Porzellanladen.«
- »Man muss dich wie ein rohes Ei behandeln.«
- »Du trittst in jedes Fettnäpfchen.«

Es sollte umgekehrt sein: Mutmachen trotz Versagens:
- »Ich bin überzeugt, das nächste Mal schaffst du es.«
- »Jeder kann einen Fehler machen, aber nicht jeder hat Mut weiterzumachen.«
- »Wer nicht den Mut hat, einen Fehler zu begehen, kommt keinen Schritt weiter.«

Gute Vergleiche sind:
- »Du bist flink wie ein Reh«,
- »stark wie ein Elefant«,
- »gescheit wie dein Großvater«,
- »leicht wie eine Feder«,
- »schlau wie ein Fuchs«,
- »weise wie eine Eule«,
- »schnell wie der Blitz«,
- »schön wie ein neuer Morgen«,
- »dein Lächeln ist wie Sonnenstrahlen.«

Wir sind Gott so wertvoll, dass seine Barmherzigkeit für uns an jedem Morgen neu da ist. (Nachzulesen bei Klgl. 3, 22–23.) Und diese Barmherzigkeit dürfen wir auch den anderen zeigen.

Geschwätz

Schlechtes Reden über andere, Getratsche, Verbreitung von Neuigkeiten über Fehler, Krankheiten und Missgeschicke anderer sind wie eine Geruchsbelästigung. Besonders wenn sich der Gesprächspartner daran weidet, trägt er dazu bei, dass der Gestank sich weiter ausbreitet. Durch Geschwätz sind schon viele Menschen ins Unglück gestürzt worden und sind verzweifelt, bis dahin, dass sie sich das Leben genommen haben.

»Lasst kein faules Geschwätz aus eurem Munde gehen!« (Epheser 4,29)

Oft sind Sensationslust und Neid der Grund, warum unverarbeitete Gerüchte mitgeteilt werden. Niemandem ist damit geholfen, dass viele darüber Bescheid wissen. Wenn wir Erschütterndes erfahren, sollten wir die Sache prüfen, bevor wir davon weitersagen. Und wir sollten uns von Gott zeigen lassen, wem wir es unterbreiten. Die Not muss an die Adresse von Betern weitergegeben werden. Verletzungen und Schuld von anderen sollten wir zu Jesus bringen und ihn bitten, dass Menschen zur Buße finden. Unverarbeitetes hat keine bessere Adresse als die eines guten Seelsorgers.

»Behüte meinen Mund und meine Lippen.« (Psalm 141,3)

Die Wunschliste

Wenn Sie nun eine Wunschliste schreiben könnten, was würden Sie sich konkret von einzelnen Menschen wünschen?

- Vom Ehepartner?
- Vom Chef?
- Von den Angestellten?
- Von Gemeindemitgliedern?
- Von Ihren Kindern?
- Ihren Eltern?
- Vom Pfarrer …?

Was könnten sich andere von Ihnen wünschen?
- Ihr Ehepartner?
- Ihre Tochter?
- Ihr Sohn?
- Ihr Chorleiter?
- Ihr …?

Ein Bekannter ruft mich gelegentlich an, um einen Rat in einer Eheangelegenheit einzuholen. Er sagt: »So gut kenne ich mich in dieser Materie nicht aus, da ich noch nicht verheiratet bin. Aber eines hat schon vielen geholfen. Ich frage jeden der beiden: ›Wie würden Sie sich fühlen, wenn Ihnen dies passiert wäre? Versetzen Sie sich einmal in die Lage Ihres Gegenübers.‹« Er erzählte mir, dass viele nachdenklich reagierten.

- Wann fühle ich mich in einem Gespräch wohl?
- Von welchem Menschen fühle ich mich verstanden?
- Was macht mir bei einer Unterhaltung Angst?
- Gibt es Aussagen, auf die ich allergisch reagiere, und warum?

Erste Hilfe bei Gesprächsblockaden

• *Kissen:* Manchmal schenke ich einem jungen Ehepaar zur Hochzeit zwei Kissen. Ich nenne sie Versöhnungskissen. Wer nach einem Streit wieder das Gespräch sucht, legt als Zeichen der Bereitschaft sein Kissen in das Bett des anderen.

- *Kerze:* Ähnlich kann man auch eine Versöhnungskerze bestimmen, die immer am selben Platz in der Wohnung steht. Wer sie anzündet, sagt damit: »Bitte verzeih mir. Es tut mir leid, was passiert ist. Sei mir wieder gut.«

- *Friedensfahne:* Nehmen Sie ein Stück Stoff und heften Sie es an einen kleinen Ast. Bei der nächsten Mahlzeit kann die Fahne mit auf dem Tisch stehen – in einen Blumentopf oder eine Vase gestellt.

- *Blumen:* Blumen können auch Ausdruck dafür sein, dass man um Vergebung bittet. Aber eigentlich sollten sie zur reinen Freude sein. Sonst vermutet der Partner immer, wenn er Blumen geschenkt bekommt, dass der andere etwas ausgefressen hat.

- *Wärmflasche:* Legen Sie Ihrem Ehepartner eine Wärmflasche ins Bett. Zeigen Sie ihm durch diese Aufmerksamkeit, dass Sie ihn trotz der vorausgegangenen Unstimmigkeiten mögen.

- *Eine Rose:* Ärgern Sie sich nicht nur über irgendetwas, von dem Ihre Nachbarin gar nicht weiß, dass es Sie aufregt. Vielleicht sagen Sie ihr bei Gelegenheit, wie Sie vom Rollladenschließen immer hochschrecken und dass sie zu dieser Zeit eigentlich schon schlafen. Überreichen Sie ihr eine Rose als Dank, dass sie in Zukunft daran denken wird.

- *Brief:* Wenn Sie einfach nicht die richtigen Worte finden können, wenn der andere dabei ist, schreiben Sie doch einen Brief. Schriftlich kann man Dinge oft viel klarer und weniger verletzend ausdrücken.

• *Überraschung:* Bringen Sie dem anderen etwas Lustiges mit und machen Sie ihn neugierig. Ein Bekannter von mir hat seiner Frau ein paar Marienkäfer in eine Streichholzschachtel eingefangen und mitgebracht. Überraschungen durchbrechen oft Gleichgültigkeit und Stille.

• *Gutschein:* Schreiben Sie Ihrem Partner einen Gutschein für eine Frau, die in Zukunft besser auf ihn eingehen will – oder für einen Mann, der die Garage innerhalb der nächsten Woche aufräumen wird.

»*Wem Weisheit mangelt, der bete darum.*« (Jakobus 1,9) Dieses wunderbare Wort aus dem Jakobusbrief gilt jedem Menschen, sowohl dem Gelehrten, der manchmal auch hilflos sein kann, wie dem Einfachen. Gott ist nicht auf unseren Intellekt angewiesen, um uns Weisheit zu schenken. Vielleicht ist es manchmal unkomplizierter, dem Einfachen eine Lösung anzubieten, als dem, der zu viel weiß. Der hat möglicherweise bei jedem Lösungsvorschlag Gottes ein Argument, warum dies nicht funktionieren könnte. Wer Gott um Weisheit bittet, weiß am besten, wann er reden und schweigen soll. Gott kann sogar mit Worten aushelfen, wenn wir sprachlos sind. *Wenn Sie Gott um Weisheit bitten für das Reden und Schweigen, haben Sie den besten Kommunikationsunterricht.*

Der Rahmen für ein klärendes Gespräch
- Trinken Sie Kaffee oder Tee zusammen, um warm zu werden.
- Bereiten Sie etwas Gutes zum Essen vor oder gehen Sie miteinander aus.
- Decken Sie besonders schön den Tisch und zünden Sie eine Kerze an.
- Untermalen Sie Ihr Zusammensein mit schöner Musik.

Hilfen in der Kommunikation
- Jesus meine Verletzungen bringen und mich trösten lassen,
- vergeben, auch wenn es der andere nicht verdient,
- selbst zur Reife kommen, etwas aushalten lernen,
- dem anderen Konfrontation zumuten, auch er muss zur Reife kommen,
- sich Zeit für ein Gespräch nehmen,
- loben,
- den richtigen Moment abwarten, aber nicht im vertrauten Zusammensein nur Probleme wälzen,
- nicht nur reden, auch handeln (gilt besonders für Erziehung),
- es den Betroffenen persönlich sagen, nicht nur bei anderen klagen,
- den Heiligen Geist als Dolmetscher bitten,
- ein freundliches Wort erfreut das Herz,
- nicht um den heißen Brei herumreden,
- wahrhaftig werden; den anderen aber nicht mit Wahrheit erschlagen,

- nicht auf meinem Standpunkt beharren, bis ich Krampfadern bekomme,
- meine Meinung sagen, dazu stehen, aber nicht dafür herumhändeln,
- ausdrücken: Dein Rat ist mir wichtig,
- nicht um den Rat des Partners bitten und ihn dann außer Acht lassen, sondern lieber die eigenen Überlegungen vorbringen und fragen, was der andere meint.

»Dein Tun spricht so laut, dass ich nicht verstehen kann, was du sagst«, sagte ein Afrikaner zu einem Pastor. Wir müssen authentisch werden im Reden und Handeln. Beides muss übereinstimmen.

Es gibt zwei Dinge, die besonders Christen lernen müssen: Das eine ist, sich abzugrenzen. Und das zweite, Danke zu sagen.
Gerade bei Christen ist die Erwartung sehr groß, dass der andere – der Bruder oder die Schwester – für ihn da sein muss, wenn er Probleme hat. In unserem Dienst der Eheberatung nehmen Menschen uns oft Stunden in Anspruch. Die wenigsten fragen danach, ob dies etwas kostet. Im Gegenteil, wenn ich gelegentlich das Gespräch beenden will, wird die eigene Not als so groß empfunden, dass bedenkenlos überzogen wird. Christen müssen verstehen! Das wird von ihnen erwartet. Je länger Menschen sich vereinnahmen lassen, umso stärker werden sie kritisiert, wenn sie nicht mehr funktionieren.
Wer nie richtig mithilft, erntet dagegen bei gelegentlichen Einsätzen großes Lob.

»Danke«, dieses kleine Wort, gesprochen mit aufrichtigem Herzen, sagt: »Ich schätze, was du tust. Ich sehe, wie du dich eingebracht hast. Ich freue mich darüber, dass ich für dich wichtig bin. Du nimmst mich ernst.«

Leider wird das, was Menschen täglich an unserer Seite an Einsatz bringen, im Laufe der Zeit als selbstverständlich angesehen. Erst wenn jemand ausfällt, fällt es auf!

Wie sollten wir zuhören?

Wir müssen Zeit haben! In der Bibel lesen wir, dass die Volksmenge sich lagerte, um Jesus zuzuhören. Maria saß zu den Füßen Jesu, um ihm zuzuhören. Nikodemus kam bei Nacht, um ungestörte Zeit zur Unterweisung zu haben. Diese Menschen hörten aktiv zu. Ihr Kommen zu Jesus hatte nur einen Anlass: Sie wollten zuhören.

Wir müssen dem anderen Zeit lassen, nachzufragen, ihn nicht überfahren. Jesus *fragt* den Kranken: »Willst du gesund werden?« oder an anderer Stelle: »Was willst du, dass ich dir tun soll?«
Durch mein Reden kann ich den anderen überfahren, ihn entmündigen, auch wenn ich es gut meinte. Vielleicht treffe ich dann Entscheidungen für ihn, die er so gar nicht wollte. Wenn ich für einen anderen argumentiere, nehme ich ihm möglicherweise das Wort aus dem Mund, mache ihn »mundtot«.

Manche Ehefrau erdrückt ihren Mann durch ihr Reden. Sie meint zu wissen, was er sagen will, und gibt ihm keine Möglichkeit zu reagieren.

Die stärkste Sprache hören wir im Gleichnis vom verlorenen Sohn. Sein Vater wartet auf ihn, läuft ihm entgegen, nimmt ihn in die Arme, küsst ihn. Mit dieser Form der Sprache geben wir weiter, was der Vater des Sohnes ausdrücken wollte: »Ich sage Ja zu dir, ein bedingungsloses Ja.«

Grundregeln für ein Gespräch
- auf den anderen warten, ihn nicht überschütten mit Sprache,
- sein Schweigen aushalten,
- innerlich auf ihn zugehen,
- meine Zuneigung zeigen,
- wenn Unversöhnlichkeit uns trennt, Vergebung anbieten.
- Worin liegt meine Stärke, im Reden oder im Schweigen?
- Wie kann ich dem anderen zeigen, dass er mir wichtig ist?

Wir hören mit verschiedenen Ohren. Deshalb hören wir auch Unterschiedliches.

»Hast du aber gut gegessen!«, sagt die Frau, als sie den Teller des Mannes wegräumt.

Der Mann kann heraushören: Das war ein Wink mit

dem Zaunpfahl. Sie will mir sagen: »Kein Wunder, dass du solch einen Bauchansatz hast!« Oder er hört den unausgesprochenen Vorwurf: »Wie kann unser Haushaltsgeld ausreichen, wenn du soviel isst!« Möglicherweise hört er heraus: »Wenn ich doch auch so viel essen könnte wie du, ohne gleich zuzunehmen!«

Vielleicht denkt er auch nur: »Sie hat gemerkt, dass es mir gut geschmeckt hat.«

Statt die Aussage möglicherweise falsch zu interpretieren, hilft die einfache Nachfrage: »Kannst du mir bitte sagen, was genau du damit meinst?« Manchmal wird eine ganz andere Antwort dabei herauskommen, als man erwartet hat.

Es ist wichtiger, sich Klarheit zu verschaffen, als unter etwas zu leiden, was der andere gar nicht zum Ausdruck bringen wollte.
Je näher wir einander sind, umso mehr können wir Liebe zeigen. Und Hass. Schwer verletzen können wir nur dort, wo wir auch lieben.

Bitte!

Dieses kleine Wort ist heute unmodern geworden. Und doch kann es das Zusammenleben ungleich leichter gestalten.
Wer bitte sagt, nimmt seinen Aussagen dadurch den Geruch von Forderung. Bitte meint: »Ich bin ein Stück weit von deiner Gunst abhängig. Ich würde mich darüber freuen,

wenn du dich darauf einließest.« Damit ist der Angesprochene in der Lage, dem anderen freiwillig etwas Gutes zu tun – und anschließend sogar einen Dank dafür zu bekommen.

Durch das Wegfallen dieses kleinen Wortes fühlen sich viele Menschen wie Dienstleistende, die kein *Bitte* verdient haben, weil sie ja dafür bezahlt werden. Der eine fordert, der andere bezahlt. Das ist gerechter Ausgleich. Kein *Bitte*, kein *Danke*. Jeder geht leer aus.

Während ihres Studiums in den USA verdiente sich eine unserer Töchter ihr Geld, indem sie in einem chinesischen Schnellimbiss bediente.

Sie berichtete mir, mit welchem Ton in der Stimme die Leute ihr Essen bestellten. Es war manchmal wie eine bedrohliche Forderung, dass sie zu rennen hätte, wenn sie irgendetwas wollten. Manche Gäste benahmen sich dabei wie Herren, die ihren Knechten Befehle hinwarfen.

Unsere Tochter war gelegentlich so entsetzt darüber, dass sie erzählte, sie hätte sich beherrschen müssen, um manchen dieser Kunden das Essen nicht ins Gesicht zu schütten.

Kindern gegenüber sollten wir diese Höflichkeitsform wahren oder einüben. Auch ein Kind kann um etwas gebeten werden. Wer es lernt, bitte zu sagen, entdeckt auch das Geheimnis des Dankens. Auch wenn es nur eine Formsache ist, bringt es in das Miteinander einen

besseren Ton, der ausdrückt: »Ich schätze, was du tust.«
Und bekanntlich macht der Ton die Musik.

Weitere Worte des Takts, des guten Tons und der Heilung:
- »Danke!«
- »Das hab ich gerne für dich getan!«
- »Kannst du mir bitte verzeihen?«
- »Ich wollte dir nicht wehtun!«
- »Das war ungeschickt von mir.«
- »Ich vergebe dir.«
- »Wie schön, dass du da bist!«

Wenn solche Sätze öfters ausgesprochen würden, bräuchte manche Träne nicht geweint zu werden. Und viele Menschen könnten sich im Umgang miteinander wohler fühlen.

Lernen Sie diese Sätze auswendig – und wenden Sie sie immer wieder an.

Unser Gesprächsziel darf sein: *Ich möchte reif werden und andere reif machen.* Oder auch: *Ich will dazulernen – und anderen weitergeben, was ich weiß.*

3. Kritik, Krisen, die Kraft des Ja und Nein

Vom Umgang mit Kritik

Mein Mann und ich sind im Gespräch mit einem Ehepaar. Während die Frau spricht, fällt der Mann schon nach kurzer Zeit in einen Zustand der Abwesenheit. Redet dann der Mann, spricht die Frau mit ihren Augen oder auch Händen so laut dazwischen, dass man deutlich ihre Zustimmung oder auch Ablehnung erkennen kann.

Im engen Zusammenleben entwickeln wir unterschiedliche Abwehrmechanismen. Die einen hören einfach nicht mehr hin. Sie meinen schon zu wissen, was jetzt kommt. Die anderen reagieren heftig auf das Gesagte, weil sie ganz anderer Meinung sind.

Weder die Verweigerung durch Weghören noch die Aggressivität beim Zuhören helfen uns, einander besser zu begreifen.

Wir sollten vielmehr lernen, den anderen als selbstständiges, von Gott als Original erschaffenes Wesen neu zu entdecken. Und dies ist nur dann möglich, wenn wir uns seiner Andersartigkeit stellen und sie kennenzulernen versuchen.

Der erste Schritt ist das genaue Hinhören. Ich versuche nicht, die Spitzen herauszuhören, die ich schon allzu gut kenne. Und es ist nicht mein Ziel herauszufinden, ob der andere mich verletzen will. Auch wenn es mir schwerfällt, bemühe ich mich darum, genau zuzuhören und den anderen ernst zu nehmen. Ich höre zu, auch wenn ich meine, schon zu wissen, was kommt. *Es geht mir darum, ehrlich zu erfahren, warum der andere so denkt, wie er denkt.*

Der zweite Schritt ist mein Ja zur Kritik des anderen. Ich bemühe mich darum, in der Kritik des anderen seine persönliche Not mit mir herauszuhören.

Mein Mann kommt nach Hause und sagt: »Hier sieht es mal wieder furchtbar aus.«

Ich lasse seine Klage stehen, ohne sie abzuschwächen. Vielleicht ist es für ihn hilfreich, wenn ich antworte: »Ja, du hast recht.«

Wenn ich seine Maßstäbe und den familiären Hintergrund mit einbeziehe, in dem er aufgewachsen ist, verstehe ich, warum er die Flicksachen auf dem Küchentisch, die ich gerade bearbeite, als Durcheinander empfindet. Von diesem Standpunkt her ist seine Kritik absolut zu verstehen. Ich bejahe also sein Lamento, indem ich seine Kritik zunächst als berechtigt ansehe.

Der dritte Schritt besteht in der Aufforderung, konkret zu werden. Zur Bejahung seiner Kritik gehe ich nun noch einen Schritt weiter: »Hier sieht es nicht nur furchtbar aus, sondern ich habe es auch nicht geschafft, rechtzeitig das Essen zu kochen. Du kennst mich noch viel besser.

Sicher weißt du noch viel mehr, wo ich unordentlich bin.«

Hören Sie zu, was ihm dazu noch einfällt, und lassen Sie es stehen.

Der vierte Schritt ist meine eigene Sicht. Jetzt ist es an der Zeit, meine eigene Situation darzustellen:
»Ich weiß, dass du Ordnung liebst. Und ich versuche, darauf zu achten. Aber oft werde ich mit der Arbeit nicht fertig, bevor du nach Hause kommst. *Das macht mich selbst traurig.* Wenn du mir sagen kannst, was du mit dem Begriff Ordnung besonders verbindest (z. B. einen leeren Küchentisch, ein sauberes Waschbecken oder einen aufgeräumten Kühlschrank etc.) kann ich auf diesen Punkt mehr achten.

Viele Gespräche scheitern daran, dass der, der sich über eine Situation aufregt, meist nicht aussprechen kann, was ihn genau stört – oder dass ihm einfach nicht richtig zugehört wird.

Der Mensch aber, der sich in seinem Unwohlsein ernst genommen fühlt, ist meist bereit, auch die Sicht des anderen anzuhören. Damit ist noch nicht unbedingt eine Lösung vorhanden. Aber jeder von beiden akzeptiert, dass der andere mit der jeweiligen Situation unterschiedliche Gefühle verbindet. Auf diese Weise können Menschen sich besser kennenlernen, ohne nur den eigenen Standpunkt verteidigen zu müssen.

Sammeln Sie neue Erfahrungen im Umgang mit Ihnen vertrauten Menschen. Gerade dort kennen wir uns oft nur wenig. Unsere zu schnelle Verteidigung macht es oft unmöglich zu begreifen, was dem anderen Not bereitet.

Es gibt dazu ein interessantes Gespräch in der Bibel. Jesus fragt seine Jünger darüber aus, was die Leute über ihn berichten. Und die Jünger halten damit nicht hinter dem Berg. Jesus greift nicht ein. Er regt sich nicht auf. Er stoppt die Jünger auch nicht, indem er sagt: »Was, nur ein Prophet soll ich sein? Sehen sie nicht alle Wunder, die ich wirke?« Jesus weist die Jünger nicht zurecht, indem er sie wissen lässt: »Wenn ihr wieder so etwas hört, dann habt ihr die Leute aufzuklären, dass sie falsch liegen!« Er hört seinen Jüngern einfach zu, bevor er sie nach ihrer ganz persönlichen Meinung fragt (Matthäus 16).

Es ist nicht so wichtig, was andere über Sie denken!
Viel bedeutender ist es, bei Ihrem Handeln danach zu fragen, was Gott über diese Sache denkt.
Von diesem Standpunkt aus darf die Kritik der anderen nicht zum Maßstab für Ihr Handeln werden.

Sie sollten nicht alles tun, was jemand von Ihnen erwartet. Aber hören Sie zu, begreifen Sie die Andersartigkeit des Partners, lassen Sie stehen, was er als richtig empfindet. Danach versuchen Sie darzustellen, wie Sie selbst es sehen.

- Werde ich oft kritisiert?
- Von wem und bei welcher Gelegenheit?
- Empfinde ich die Kritik als gerechtfertigt?
- Im Zusammenleben mit … stößt mir diese Kritik am bittersten auf.
- Wie gehe ich damit um, wenn jemand mich kritisiert?

Der erste Schritt, ernst genommen zu werden, besteht darin, andere ernst zu nehmen.

Das Geheimnis einer guten Kommunikation

Vom Annehmen, Abgrenzen, Jasagen und Neinsagen im Gleichgewicht zwischen Gott, den Menschen und mir: Ich darf mich selbst wichtig nehmen, denn Gott fand es wichtig, mich zu erschaffen. Aber ich soll mich nicht überbewerten, denn Gott schuf mich nicht als Einzelgänger.

Wer weiß, wer er vor Gott ist, kennt seine Gaben und Grenzen. Er braucht sich nicht zu verstecken. Er hat eine Würde, denn Gott hat ihn für würdig befunden, sein Gegenüber zu sein.

Nach dem bedeutendsten Gebot gefragt, antwortet Jesus: »Liebe Gott von ganzem Herzen – und deinen Nächsten – wie dich selbst.«

In dieser Dreiheit liegt das Geheimnis einer guten Kommunikation. Im Reden mit Gott ordnet sich die

Wichtigkeit unseres Handelns und Redens. Wer lernt, auf ihn zu hören, wird sich nicht, nur weil andere ihm Schuldgefühle machen wollen, vor falsche Wagen spannen lassen. Doch wenn er spürt, dass Gott ihn zu etwas ermutigt, kann er getrost Ja sagen, obwohl ihm eigentlich die Kraft dafür fehlt.

Im Hören auf Gott lernen wir, eigene Grenzen zu überwinden. Gelegentliches *Ja trotz fehlender Kraft* ist das Zutrauen in ihn, dass er uns schenken wird, was wir brauchen. Wer seine Hilfe auf Gott setzt, der ist nicht verlassen. Wenn wir ihm gehorchen, gewinnen wir Kraft. Im Ja liegt das Vertrauen, eine Sache trotz kleiner Kraft zu meistern. Aber es muss mit ihm vorher durchgesprochen sein. Wo wir sein Ja haben, dürfen auch wir bewusst und froh Ja sagen.

Wer auf Gott hört, findet heraus, wann und wo er auch *getrost Nein sagen* darf. Wer immer nur Ja sagt, macht sich schuldig. Denn er vergisst, auf seine eigene Seele zu achten. Wer alles gibt, bleibt leer zurück. Wer keine Seelenpflege betreibt, wird ausgebrannt und zum Opfer der Bedürfnisse von anderen. Wer immerfort gibt, ohne zu nehmen, hat schließlich nichts mehr zu geben.

Am meisten gefordert und oft auch überfordert werden wir in der Familie. Ehepartner, Eltern und Kinder erwarten manche Dinge ganz selbstverständlich. Leider macht auch die christliche Gemeinde vor der Überforderung des Einzelnen nicht halt. Der eher mit Stärke Begabte wird häufig extrem in Anspruch genommen, während vom Schwachen kaum etwas erwartet wird. Der

Schwache beansprucht, dass auf ihn Rücksicht genommen wird. Der Starke sonnt sich zunächst im Gefühl, gebraucht zu werden, bevor er irgendwann zusammenbricht, immer noch mit dem Schuldgefühl, nicht genug getan zu haben.

Der Jasager, der so beliebt ist, spürt und hört Ablehnung, sobald er nicht mehr funktioniert. Er hat Angst davor, nicht geliebt zu werden. So überfordert er sich selbst fast ohne Unterlass. Als Antwort bekommt er wieder Ablehnung, falls er es wagt, etwas abschlägig zu entscheiden.

Wir müssen zu unseren Grenzen stehen. Weder die völlige Rücknahme noch die Übersteigerung unserer eigenen Person schafft eine vertrauensvolle Gesprächsebene. Wir müssen authentisch werden in unseren Aussagen.

Wenn ich Vorträge halte, mache ich immer wieder eine erstaunliche Erfahrung: Den Menschen helfen oft mehr die Situationen, in denen ich versagt habe, als Rezepte, wie man es besser machen kann. Es scheint, dass sie durch meine Ehrlichkeit den Mut haben, eigenes Versagen zuzugeben und daran zu arbeiten. Sie fühlen sich mit mir auf einer Ebene und sehen mich nicht als abgehoben und ohne Fehler. Das gibt ihnen das Gefühl, es selbst auch schaffen zu können.

Daraus folgt aber nicht, dass ich jedem meine persönliche Problematik erzählen muss. Es gibt ein neues Wort in der deutschen Sprache, das aus dem Englischen stammt: »outen«. Es bedeutet: Ich berichte offen über meine Geheimnisse und Fehler. In Fernsehinterviews geben Menschen ihre perversesten Züge preis und sonnen sich in der Bewunderung oder dem Entsetzen anderer. Schließlich wird auch das Abartigste salonfähig. Diese Menschen sollten nicht zur Perversion stehen, sondern an ihr arbeiten!

Zu Grenzen stehen heißt, mich selbst kennenzulernen und wachsam darin sein, wo sie mich in Schuld treiben. Zu Grenzen stehen heißt auch, mich nicht ständig überfordern und danach erschöpft zusammenbrechen.

Zu Grenzen stehen meint, mit dem mir Anvertrauten liebevoll umgehen, ohne dauernd zu schielen, was der andere kann.

Zu Grenzen stehen fordert auf, darüber nachzudenken, wo sie erweiterungsfähig sind, und diese Chance zu nutzen.

Zu Grenzen stehen meint auch, zugeben:
- Ja, ich fühle mich verletzt.
- Es tut mir weh.
- Ich bin getroffen.

Das Mindeste, was eine Verletzung mir entlocken muss, ist ein »Au«. Danach kann ich die Entscheidung treffen, ob ich diese Verletzung ansprechen – oder ob ich vergeben will, ohne es dem anderen mitzuteilen.

Wir sollten uns bei diesem Vergeben nicht überfordern, sondern auch auf unsere Gefühle hören. Wenn ich zwar äußerlich schweige, aber innerlich gram bin, ist es besser auszusprechen, was mich verletzt hat, als dem anderen fremd zu werden. Auf keinen Fall sollten wir vor anderen unsere Verletzung breittreten. Das schafft nur neue Probleme und ändert nichts.

Wir sehen beim Apostel Paulus, dass er Demütigungen nicht immer nur hinnahm. Im Umgang mit Menschen, die ihm geschadet haben, verlangt er an einer Stelle, dass diese sich öffentlich bei ihm entschuldigen. Obwohl sie ihn bitten, danach die Stadt schnellstens zu verlassen, besucht Paulus noch vorher einige neugewonnene Gemeindemitglieder und lässt sich dabei Zeit (Apostelgeschichte 16,37–40).

Meist nimmt man aber eher wahr, dass man selbst verletzt wird, als dass man andere verletzt. Wenn der andere keinen Laut von sich gibt, schenkt er mir keine Möglichkeit, um Vergebung zu bitten. Es spielt keine Rolle, ob ich verletzen wollte oder nicht. Wenn der andere etwas als Verletzung empfindet, darf ich ihm zumindest mitteilen, dass ich das nicht wollte.

Von der Kraft des Ja und der Kraft des Nein

Jesus sagt: »Euer Ja sei ein Ja, euer Nein ein Nein, was darüber ist, ist vom Übel« (Matthäus 5,37).

Von der Kraft des Nein: »Trau dich, Nein zu sagen«, heißt der Titel eines ausgezeichneten Büchleins von Roberts Liardon. Gerade Christen sind oft in der Gefahr, zu schnell und zu oft Ja zu sagen. Sie wollen niemanden enttäuschen, keinem etwas abschlagen. Und sie fühlen sich verpflichtet, in ihrer Nächstenliebe auf den anderen einzugehen. Dabei überfordern sie sich leicht. »Nein« löst Schuldgefühle aus. Dabei wäre dieses Nein häufig ein Ausweg aus einer Eskalation von Pflichten. »If you need somebody, ask the busiest man«, heißt ein amerikanisches Sprichwort. Es bedeutet: Wenn du jemanden brauchst, frage den, der am meisten ausgelastet ist. Ich habe dies schon oft bestätigt gesehen, wenn ich dringend jemanden suchte, der mir hätte helfen können. Ich fand in der Regel begeisterungsfähige Menschen, die die Notwendigkeit mitempfinden können – und die schwer Nein sagen können.

»Nein sagen ohne Schuldgefühle«, darum geht es auch in dem Buch von Cloud/Townsend. Der Verfasser spricht über Menschen, die in vielen Schuldgefühlen leben, die aufgrund von Schuld entstanden sind. Diese sind wichtig, weil sie uns die Trennung klarmachen, die dabei zwischen Gott und uns entsteht. Sie führen uns an den Punkt, dass wir Vergebung suchen.

Er redet aber auch von falschen Schuldgefühlen, die andere uns einprägen. Es sind Vorstellungen über Gott und anerzogene Verhaltensmuster, die den Menschen unfrei machen und in Zwänge hineinführen. Von diesen sollten wir uns schnellstens verabschieden.

Um niemanden zu enttäuschen, der etwas von uns erbittet oder erwartet, überfordern wir uns selbst. Ich habe damit auch Probleme. Ich möchte niemandem durch mein Nein wehtun. Und doch spüre ich, wie ich dadurch oft in ein Überforderungssyndrom hineinkomme.

Das zu große Ja kann zu einer Eskalation von Schwierigkeiten führen, auch wenn dieses Ja zunächst gut gemeint ist. Überforderung bringt uns in ständig neue Konflikte. Zwar helfen wir dem, der in Not ist. Aber wir verletzen dabei häufig die, die uns am nächsten stehen. Ihnen nehmen wir die Zeit weg, die andere durch ihr Drängen gefordert haben.

Die Bibel zeigt uns auf vielfältige Weise, wie Menschen sich durch ihr Ja in immer neue Konflikte verwickelt haben. Das erste Nein, von dem wir in der Bibel lesen, ist Gottes Aussage über den Baum der Erkenntnis.

Adam und Eva sind darüber informiert, dass sie *nicht* davon essen sollen.

Aber Eva ist nicht fähig, Nein zu sagen. Sie lässt sich überreden. Auch Adam drückt nicht klar seine Haltung aus. Er argumentiert wohl, legt sich aber nicht fest und nimmt schließlich aus der Hand Evas die Frucht. Die Folgen davon sind uns vertraut.

Wer nicht lernt, Nein zu sagen, auch wenn dies im Moment Schwierigkeiten bringt, muss mit der Fortsetzung des Ja Unannehmlichkeiten in Kauf nehmen.

Wer niemanden verletzen will, wird sich selbst ohne Ende verletzen, weil er keine Stellung bezieht. Und er wird andere irritieren, weil sie seine Reaktionen nicht verstehen werden. Durch falsches Verstehen kann er ihnen den Eindruck geben, etwas sei in Ordnung, was aber gar nicht stimmt.

Das Gegenteil davon ist mangelnde Barmherzigkeit. Hier haben Dogmen und Standpunkte Priorität. Das Gesetz hängt über dem Menschen wie ein Schwert, das ihm ständig Angst einflößt. Die Liebe Gottes, der voller Vergebung ist, wird nicht einmal erwähnt. Die Ausdauer, die die Bibel uns aufzeigt, wird umfunktioniert in Zwang, aus dem es kein Entrinnen gibt.

Das Harren auf Gott wird zur Rechthaberei mit eigenen Glaubenssätzen, an denen nichts zu rütteln ist. Gehorsam den Ältesten gegenüber wird als Unterwerfung erlebt.

Alle diese Dinge müssen von jedem persönlich am Willen Gottes geprüft werden.

Davids Nein zum Ehebruch wäre weit wichtiger gewesen als seiner Leidenschaft nachzugehen. Demas Liebe zur Welt und seine Angst, zu kurz zu kommen, führten ins Verderben (2. Timotheus 4,10). Nein ist die Abgrenzung, die lebensrettend sein kann.

Hinter einer aufopfernden Haltung können sich auch Aggressionen verbergen. Vielleicht wurde das Ja nur hervorgebracht, weil jemand zum Nein nicht fähig war. Prüfen Sie sich, warum Sie sich aufopfern wollen. *Sagen Sie Nein, wenn Sie Nein meinen. Das gehört zur Wahrheit!* Das Ja, das wir zögernd sprechen, bewirkt beim anderen Schuldgefühle. Wollen wir das vielleicht auch, um beim anderen als Märtyrer dazustehen? Neinsagen heißt, sich frei zu entscheiden – und nicht, alles ablehnen zu müssen, um die Freiheit zu demonstrieren.

Wer jedem Konflikt aus dem Weg geht, zeigt damit, dass er nicht fähig ist, den Gesprächspartner durch die eigene Andersartigkeit zu bereichern. Wer nie Konflikte austrägt, beraubt sich der Möglichkeit, einen Menschen kennenzulernen.

Wer sich in guter Weise abzugrenzen lernt, schafft Freiräume für echte Begegnungen.

Bei Gott ist der beste Platz, um beschützt zu sein: »Der Name des Herrn ist ein festes Schloss. Der Gerechte läuft dahin und wird bewahrt« (Sprüche 18,10).

Bewahrung vor Verletzung geschieht in der Burg Gottes, an seinem Herzen. Wer dorthin läuft, hat den besten Schutzplatz vor Verletzung.

Leider wird auch in der christlichen Gemeinde oft mit Druck gearbeitet und das Ganze manchmal noch als »Gehorsam« deklariert. Dieser angebliche Gehorsam muss vom einzelnen immer zuerst am Willen Gottes geprüft werden.

Wir dürfen auch in der Gemeinde nicht nur Ja sagen, weil es von uns erwartet wird. Schuldgefühle sollten auf keinen Fall die Antriebsfeder unseres Handelns sein.

Von der Kraft des Ja: Wie das Nein lebens-not-wendig sein kann, hat auch das Ja eine große Kraft. Wer sich im

Vertrauen auf Gott einer Aufgabe stellt, wird Wunder erleben, die ihm mit einem Nein entgangen wären.

Jesu Ja zu uns Menschen öffnete uns den Weg zum Himmel. Jesu Ja zum Willen seines Vaters gab uns den Erlöser der Welt. Das Ja Marias zu Gottes ungewöhnlichem Weg ließ sie Jesu gebären. Das Ja Josefs, Maria zu sich zu nehmen, obwohl dies Kind nicht sein Kind war, machte ihn zum Vater des Erlösers!

Das Ja zum Menschen bewirkte in Gottes Herzen die Sehnsucht, einen Weg zu finden, um uns zu erretten. Das Ja zum Willen Gottes machte Jesus fähig, den Weg ans Kreuz zu gehen.

Das Ja zu einem schweren Weg kann einen Menschen vor Verbitterung und Depression bewahren.

Bellinda hat Krebs. Ihr wurde eine Brust abgenommen. Ihre Kraft ist kleiner geworden. Sie kann einen Arm nicht mehr belasten und hat Schmerzen. Doch sie dankt Gott täglich, dass sie ihren Haushalt versorgen kann. Es gibt Tage, die nicht einfach sind. Aber die meiste Zeit ist sie getrost und hält sich an Gott fest.

Wenn Freunde liebevoll vorwurfsvoll fragen: »Warum musste das ausgerechnet dir passieren?«, hörte ich Bellinda vor einiger Zeit schmunzelnd antworten: »Der liebe Gott wusste wohl, dass ich's tragen kann. Deshalb gab er es mir und nicht einem anderen.«

Krisenzeiten

Immer wenn es uns körperlich schlecht geht, reagiert auch unsere Psyche. Und ebenso verändert sich unsere körperliche Befindlichkeit, wenn wir psychische Probleme haben.

Wenn wir Schwierigkeiten mit uns selbst oder mit anderen haben, zeigt sich das auch in unserer Sprache. Unsere Körpersprache drückt unseren inneren Zustand aus: dass wir eine Last tragen.

Der Gang ist gebeugt, die Schultern hängen. Die Augen sehen stumpf aus, unsere Miene zeigt Traurigkeit. Auch der Ton ist verändert, verliert an Klangreichtum, ist insgesamt tiefer.

Krisenzeiten gehen leider auch immer einher mit Verständnisschwierigkeiten. Der sensible Mensch, dem wir begegnen, wird die Missstimmung schnell spüren – und möglicherweise auf sich beziehen, da er uns sonst nur in anderer Verfassung kennt.

Menschen, die unter inneren und äußeren Schwierigkeiten leiden, sind immer schwierige Kommunikationspartner. *Wer mit sich selbst nicht umgehen kann, kann es selten mit anderen. Wer in sich unzufrieden ist, ist auch unzufrieden mit anderen!*

Das Verb zu dem griechischen Wort »Krisis« bedeutet u. a. beurteilen, unterscheiden, einschätzen, auswählen. Und genau dies meint »Krise«: ur-teilen, von Grund auf neu einteilen, unter-scheiden, was bleiben kann und was der Erneuerung bedarf, aus-wählen, die Wahl treffen, was man verurteilt und was man neu beschließt …

Es gibt viele Arten von Krisen, die unser Leben mit sich bringt, durch eigene oder fremde Schuld, durch Krankheit oder durch Unfall, durch den Tod eines lieben Menschen oder eine Enttäuschung, durch Über- oder Unterforderung, durch Lebensumstände oder Lebensalter. Diese Reihe von Möglichkeiten ist beliebig fortzusetzen in der eigenen Lebensgeschichte …

Krise ist Verlusterfahrung. Altes gilt nicht mehr, das Ausmaß der neuen Situation ist meist noch nicht abzuschätzen. Man verlässt etwas Bekanntes, ohne zu wissen, wie das Neue aussehen wird. Was vertraut war, hat seine Gültigkeit verloren. Deshalb versetzen uns Krisen zunächst in einen Zustand von Angst und Verzweiflung und geben uns das Gefühl der Ausweglosigkeit. Sie nehmen uns die Sicht, irgendetwas Gutes in der Situation zu entdecken.

Fragen während der Krise sind oft:
- »Warum geschieht das ausgerechnet mir?«
- Erschütterung des Gottesbildes: »Warum lässt Gott das zu?«
- Bei fortdauernder Zuspitzung: »Warum greift Gott nicht ein?«

Folgen davon können sein:
- Ängste und Bitterkeit gegenüber Gott und Menschen
- Selbstvorwurf oder auch Selbstmitleid

- Frustration und Aggression
- Verzweiflung und Depression
- Resignation und Selbstmitleid
- Gefühl von Alleingelassensein und Gottesferne

In solchen Zeiten kreist der Mensch stark um sich selbst. Häufig kann der Mensch an seiner Seite nicht so mitleiden, wie der Verzweifelte es sich wünscht.

Wie können wir aus der Krise herauskommen? In manchen Belastungen sind Lösungen abzusehen, andere erscheinen endgültig. Ihnen allen sind kurzfristige oder längerfristige Schwierigkeiten gemeinsam.

Um Lösungsmöglichkeiten herauszufinden, ist zunächst eine Standortbestimmung notwendig:
- Wodurch entstand die Krise?
- Gibt es Wege heraus, und wodurch können sie eingeleitet werden?
- Wenn keine Änderung möglich ist, wie lerne ich damit umzugehen?

Wodurch entstand die Krise? Bei einer Ehekrise ist meist die zu wenig gepflegte Kommunikation der Auslöser für Missverständnisse. Auch die Vernachlässigung des körperlichen Bereiches in der Ehe kann der Boden für schwere Auseinandersetzungen bilden. Bei ständiger Überlastung durch Beruf und Haushalt kann es ebenso zu schweren Verstimmungen kommen.

Krankheit, Erwerbsunfähigkeit, Schmerzen können an den Rand der Kraft führen. Anschuldigungen von Menschen, die uns lieb sind, in Beruf oder Gemeinde, können Anlass zu Verzweiflung und ständiger Spannung sein. Auch der Glaube kann in eine Krise geraten, wenn Gott anscheinend nicht antwortet.

Wir müssen neue Schwerpunkte setzen: Möglicherweise braucht die überlastete Hausfrau eher zweimal pro Woche eine Hilfe beim Putzen als eine Spülmaschine. Und vielleicht ist mehr freie Zeit für die Familie oder für sich selbst lebenswichtiger für den Mann, als mehr Geld zu verdienen oder ein neues Auto zu kaufen.

Bei Ungerechtigkeit durch andere ist für Christen nicht nur die Bergpredigt gültig, sondern auch die Apostelgeschichte. Lesen Sie einmal bewusst Apostelgeschichte 16,37–40! Wir brauchen nicht nur zu dulden, wir dürfen auch Rechte in Anspruch nehmen! Wenn ich mich stark genug fühle, habe ich natürlich die Möglichkeit, um Jesu willen bewusst eine Ungerechtigkeit hinzunehmen.

Manche Krisen haben medizinische Ursachen. Deshalb ist gelegentlich ein Gang zum Arzt hilfreich, um Dinge zu klären. Bei mir persönlich erlebte ich ein schweres Kalziumdefizit im Körper als depressive Verstimmung. Durch einige Spritzen konnte dieser Mangel und damit meine depressive Stimmung beseitigt werden.

Krisen können durch Schuld entstehen. Dabei gilt: Sobald ich sie erkenne, darf ich Jesus meine Schuld bekennen und um Vergebung bitten. Es ist gut, mich einem Menschen anzuvertrauen, der mir Vergebung zuspricht und mir hilft, Schritte herauszufinden.

Es gibt Krisensituationen, deren Verlauf wir nicht bestimmen können. Dazu gehören u. a. Krankheit und Tod. Hier müssen wir uns der Situation stellen, indem wir uns damit auseinandersetzen. Es muss eine Umgewöhnung stattfinden. Um-gewöhnen, d. h. anders wohnen. Ich muss neu wohnen = leben lernen mit der veränderten Situation und auch mit mir.

Was hilft, wenn ich einen geliebten Menschen verloren habe?
• Pflegen Sie Gemeinschaft mit positiven Menschen! (Damit sind nicht oberflächliche Menschen gemeint, sondern solche, die ein gutes Maß an Einfühlungsvermögen und gleichzeitig Gottvertrauen haben).
• Nehmen Sie sich Zeit zum Gespräch mit einem vertrauenswürdigen Menschen!
• Stellen Sie sich der Trauerarbeit, aber bringen Sie sie auch Stück für Stück zum Abschluss!
• Füllen Sie die Lücke mit einer neuen Aufgabe!
• Lernen Sie Geduld, und gehen Sie liebevoll mit sich selbst um!
• Kochen Sie täglich und essen Sie regelmäßig!
• Decken Sie den Tisch liebevoll für sich selbst!
• Machen Sie jemandem eine Freude!
• Kaufen Sie eine Rose, und machen Sie sich bewusst, dass Gott sie wachsen ließ für Sie.

Was hilft, wenn mein Körper nicht mehr richtig mitmacht?
- Lernen Sie konkret mit Ihrer Krankheit, Ihrem Alter, Ihrem Alleinsein umzugehen!
- Versöhnen Sie sich mit Ihrer neuen Lebenssituation und machen Sie sich mit ihr vertraut als Teil Ihres Lebens!
- Nehmen Sie sich neu mit Ihrer Schwachheit an!
- Sagen Sie Ja zu Ihrem Körper, auch mit seiner Behinderung!
- Setzen Sie Ihre Möglichkeiten ein, Veränderungen zu bewirken, aber resignieren Sie nicht, wenn manches nicht klappt.

Was kann eine Krise an Gutem bewirken? Belastbar wird man dadurch, dass man Lasten trägt. Menschen, die schwere Lebenssituationen bewältigt haben, sind hinterher oft stärker belastbar.

Meine besten Erfahrungen mit Gott habe ich gesammelt, wenn ich durch Schwierigkeiten ging. *Nur wenn Wunden da sind, brauchen wir Wunder.* Krisenzeiten meines Lebens haben mich dahin gebracht, Gott mehr zu suchen. Sie führen ebenso dazu, dass ich in meinem Leben neu aufräume.

Umbruchzeiten machen uns bewusst, dass das Selbstverständliche eigentlich *nicht* selbstverständlich ist. Ein gebrochenes Bein führt nach der Heilung zu einem neuen Bewusstsein, welches Geschenk das Gehen ist.

Selbstdurchlittene Grenzsituationen öffnen unsere Augen

für die anderen und machen uns brauchbar. Wenn König David nicht durch die schrecklichen Zeiten seines Lebens gegangen wäre, hätten wir heute nicht seine Psalmen.

Nöte nehmen uns die Überheblichkeit. Früher dachte ich, dass die Schwierigkeiten mit erwachsenen Kindern nur Folgen einer falschen Erziehung oder Vernachlässigung wären. Heute, wo unsere Kinder größer werden, sehe ich vieles mit anderen Augen.

Wodurch wir selbst gegangen sind, darin können wir andere verstehen. Deshalb sandte Gott Jesus in unser Menschsein, damit er unser Denken und Fühlen am eigenen Leibe durchleben würde. »... der nicht könnte mitleiden mit unserer Schwachheit ...« (Hebräer 4,15).

Schwere Zeiten, die eine Familie von außen her bedrängen, können bewirken, dass die Familie meist mehr Solidarität empfindet. Die einzelnen werden zusammengeschweißt.

Krisen bewirken, dass wir unterscheiden lernen, was wichtig und was unwichtig ist.

Not lehrt uns, das Du zu suchen. Ausweglosigkeit führt dazu, dass wir geradezu gezwungen sind, uns mitzuteilen, um Hilfe zu bitten. Die Schwierigkeit führt zum Du. Wir lernen zu teilen. Sie führt auch dazu, dass wir mehr das Gespräch mit Gott suchen und dass wir das Bedürfnis bekommen, mit jemandem zu beten oder einen anderen zu bitten, mit uns zu beten. Wer durch eine Krise geht, braucht jemanden neben sich, der ihm hilft, ins »Fernglas zu schauen«. Denn er selbst ist kaum fähig, es auch nur hochzuhalten.

Ein sehr kranker Theologieprofessor bekam einmal Besuch von einem Kollegen. Dieser verabschiedete sich mit den Worten: »Na, Sie wissen ja schon, wohin Sie sich wenden können.« – »Das half mir überhaupt nichts«, sagte der tiefgläubige Mann später. »Wenn man selbst durch Not geht, braucht man keinen, der einem weise Ratschläge gibt, sondern solche, die für einen beten, wenn man es allein nicht mehr kann.«

Not führt uns an die Grenzen des Machbaren. Auf diese Weise kann man verstehen, warum Menschen bei Lebenserschütterungen häufig zu Gott finden. *Eine schwere Not kann zum Umkehrpunkt unseres Lebens werden – zur Umkehr zu Gott.* Hier wird die Not dann zum größten Glück, das über allem irdischen Glück bis in die Ewigkeit hineinreicht.

Aus all diesem heraus können wir auch die Stelle in Jakobus 1,2 verstehen: »Meine Brüder, achtet es für lauter Freude, wenn ihr in mancherlei Anfechtungen geratet …« Ich wünsche Ihnen Kraft und Geduld, die Krise zu bewältigen, durch die Sie möglicherweise gerade gehen, mit dem Wissen, dass Gott auf Ihrer Seite ist.

Kleine Schritte während der Krise:
- Erlauben Sie Ihren Gedanken nicht, überall spa-

zieren zu gehen. Malen Sie sich nicht ständig alle negativen Möglichkeiten aus. Wenn Ihre Seele laut in Ihnen »schreit«, so dürfen Sie zu Ihrer Seele sprechen wie der Psalmist: »Sei nur still zu Gott meine Seele, denn er ist meine Hoffnung.« (Psalm 62,2)

- Schreiben Sie sich auf, worum Sie Gott konkret bitten und legen Sie es in Ihre Bibel.
- Nehmen Sie sich bewusst jeden Tag etwas vor, das Sie erledigen wollen. Möglicherweise nur einen kleinen Schritt. Lassen Sie sich nicht nur von den Schwierigkeiten bestimmen, um die Ihr Denken kreist.
- Machen Sie sich immer neu bewusst: Gott hat das letzte Wort in dieser Angelegenheit.
- Halten Sie hinter allen menschlichen Missgeschicken am Vertrauen auf Gottes guten Plan fest.

Hinter allen Problemen steht: Sie machen uns sensibel für die Not der Mitmenschen. Nachdem ich während einer Schwangerschaft unser Kind verloren hatte, konnte ich in einem ganz anderen Maß nachfühlen, wenn mir jemand von solch einer Erfahrung berichtete.

Ich denke, dass genau deshalb Gott Mensch wurde, um am eigenen Leibe zu erfahren, was es heißt, Mensch zu sein. *Deshalb wird unsere Not zu der seinen, wenn wir sie ihm bringen.*

4. Gesprächsbonbons

Humor

Lachen, die befreiende Medizin: »Lachen wirkt wie ein Gesundbrunnen«, las ich neulich. Tatsächlich werden durch das Lachen alle Organe im Körper erschüttert. Das Zwerchfell, das sonst beim Ein- und Ausatmen einem ruhigen Bewegungsablauf folgt, wird beim Lachen auf so starke Weise bewegt, dass eine Massage auf die benachbarten Organe erfolgt. Herz, Lunge, Leber und Magen werden verstärkt durchblutet. Aber auch das psychische Wohlbefinden wird durch das Lachen enorm gesteigert.

Walter Trobisch meinte einmal, dass er ein ungutes Gefühl habe, wenn er sein Publikum im Laufe eines Vortrages nicht wenigstens einmal zum Lachen gebracht hätte.

»Eure Rede sei allezeit freundlich und mit Salz gewürzt«, lässt uns der Apostel Paulus wissen (Kolosser 4,6). *»Sprecht also liebevoll miteinander«,* heißt das auf modern –, *»und lasst dabei den Humor nicht ausgehen. Sagt die Wahrheit, aber in Liebe.«*

Humor ist ein wunderbares Mittel, um ein Gespräch ins Positive zu führen, auch wenn es nicht sehr positiv begann.

Neulich zum Beispiel war ich sehr ärgerlich auf meinen Mann und gab ihm das auch zu verstehen.

»Weißt du«, sagte er ganz ernst zu mir, »heute fällt es mir schwer, dir Glauben zu schenken. Es ist doch einfach unmöglich, dass sich ein Mensch von einem Tag zum anderen so verändert. Gestern noch hast du mir gesagt, was für ein wunderbarer Mann ich bin. Heute aber scheine ich der schlimmste zu sein, der auf der Erde herumläuft.«

Ich musste lachen. All mein Ärger war verflogen. Ich verstand seine Botschaft, ohne ihn beschuldigen zu müssen, etwas Falsches gesagt zu haben. Er teilte mir auf humorvolle Weise seine Gefühle mit. Und ich konnte sie so annehmen.

So manches nicht böse gemeinte Wort könnte leichter ausgeräumt werden, wenn der andere nicht so todernst darauf reagieren würde. Wer jedes Wort auf die Goldwaage legt, gefährdet damit eine gute Beziehung.

Je mehr ein Mensch weiß, wer er selbst ist, umso weniger muss er dem anderen etwas krumm nehmen.

Humor darf nicht auf Kosten des anderen gehen. Humor ist dann nicht mehr lustig, wenn er den anderen herabsetzt oder kränkt. Selbst wenn Gelächter ausbricht, ist es kein Humor mehr, wenn das Gesagte für den Angesprochenen peinlich ist.

Als Ehepaare bei einem Seminar lustige Eigenheiten des Ehepartners nennen sollten, die sie an ihm liebten, schrieb eine Frau: »Ich liebe es, wenn mein Mann sich abends mit Hingabe seinen Bauchnabel reinigt.«

Ein großes Gelächter brach aus. Der betroffene Mann aber fand dies überhaupt nicht lustig. Dieses Lachen war für ihn eine Peinlichkeit. Er fühlte sich bloßgestellt.

Komplimente

Komplimente sind wie wunderschöne Blumen, die nichts kosten. Wie vielen Menschen könnten wir eine Freude machen, indem wir ihnen ein wenig mehr Aufmerksamkeit schenkten! Oft sind wir mit uns selbst zu sehr beschäftigt, als dass wir einen Blick für andere hätten. Wer ein Kompliment macht, sagt damit:

- »Ich finde dich gut!«
- »Ich schätze etwas an dir.«
- »Ich finde dich schön.«

Komplimente steigern das Lebensgefühl. Der Mensch mit wenig Selbstwert wird das gesprochene Kompliment mit einer Handbewegung oder lächelnd abtun. Trotzdem wird er sich darüber freuen, auch wenn er nicht davon überzeugt ist, dass der andere ihn richtig sieht oder einschätzt.

Männer freuen sich in der Regel mehr über Anerkennung, was ihre Fähigkeiten betrifft. Frauen hören gerne Aussagen über ihr Aussehen. Das ist von Mensch zu Mensch verschieden.

Wenn wir selbst ein Kompliment bekommen, sollten wir es annehmen und »danke« dafür sagen. Denn wenn wir es abschwächen, werden wir so schnell keines mehr hören. Warum sollte man noch einmal eine Blume verschenken, wenn der andere sie nicht annimmt?

An einem Morgen machte ich einen Besuch im Krankenhaus. Mit mir im Aufzug waren vier Frauen, die sich gerade zu ihrem Putzdienst begaben. Jede von ihnen wirkte gepflegt.

»Sie sehen wirklich gut aus«, sagte ich zu ihnen. »Warum arbeiten Sie nicht als Mannequins?«

Sie schmunzelten gutgelaunt. »Na ja, vielleicht entdeckt uns noch jemand«, meinte eine von ihnen.

Ich bin sicher, dass ich ihnen damit eine Freude bereitete.

Und mich hatte das keinen Cent gekostet.

Toleranz

Wer ständig seine Standpunkte erörtern muss, bringt seinen Partner schließlich zum Schweigen. Der Intolerante lässt nur seine Meinung gelten. Er duldet keinen Widerspruch.

Der Tolerante kann den anderen stehen lassen. Er muss ihn nicht infrage stellen. Er hat die Gabe, seine Meinung zu äußern und auch dabei zu bleiben, ohne sein Gegenüber kleinzumachen.

Verständnis führt zu Verständigung, auch wenn beide Partner unterschiedliche Ansichten haben. *Harmonie bedeutet nicht, dass zwei Jasager sich ständig bestätigen. Echte Harmonie meint, den anderen mit seiner Unterschiedlichkeit zu akzeptieren, ohne ihn umfunktionieren zu wollen.*

Dank

Vor mir saß eine verzweifelte Frau. Sie wollte mit ihrem Mann nicht mehr leben. In 22 Jahren Ehe war er immer korrekt und angepasst gewesen, hatte sein Geld nach Hause gebracht, nie eine Affäre gehabt.

Nun war sie es leid, die Wäsche zu waschen, Essen zu kochen, mit ihm zu schlafen, ohne dass er je sagte, dass er sie liebe. Sie wollte es hören, sie musste es wissen, ob er sie liebte. Immer wenn sie ihn danach fragte, bekam sie eine barsche Antwort, dass dies ja wohl selbstverständlich sein.

»Nein, unter diesen Umständen kann ich nicht mit ihm weiterleben«, sagte sie schluchzend.

Ich spürte ihre Bitterkeit, ihre Verzweiflung, ihren Hilfeschrei nach Liebe. Und doch erahnte ich auch, dass dieser Mann, mit dem sie verheiratet war, sie ebenfalls liebte. Nur dass er seine Liebe so ganz anders ausdrückte, als sie es verstehen und annehmen konnte.

Vorsichtig versuchte ich, ihr das klarzumachen. Aber sie wollte es nicht hören. Sie war zu verletzt, weil ihr Mann nie in Worten ausdrückte, dass er sie liebte.

»Bis zu unserem nächsten Gespräch möchte ich Ihnen eine Aufgabe geben«, sagte ich schließlich und überreichte ihr ein leeres Blatt Papier.

»Schreiben Sie eine Liste mit den Dingen, die Ihr Mann für Sie im Alltag übernimmt.« Fast wütend verließ sie den Raum. Ich war mir nicht sicher, ob sie den nächsten Termin bei mir wahrnehmen würde.

Aber sie kam. Verschämt holte sie das Blatt heraus, das aussah, als hätte sie es oft in der Hand gehabt. »Denken Sie«, erzählte sie mir, »kurz nach unserem Gespräch bei Ihnen wurde mein Mann krank. Das Toilettenpapier war das erste, bei dem mir bewusst wurde, dass mein Mann immer das Auffüllen übernommen hatte, ohne Worte zu machen. Dann blieb ich auf der Straße mit dem Auto stehen und suchte die Reparaturwerkstatt auf. Wie sich herausstellte, lag es daran, dass kein Benzin mehr im Tank war. Ich hatte mich nie darum gekümmert. Als nächstes gingen mir die Schecks aus. Ich merkte, dass ich nicht einmal wusste, wie man Rechnungen bezahlt …

Ich schrieb all diese Dinge auf und ging mit meiner Liste ins Krankenhaus. Dort las ich sie meinem Mann vor. Er sagte nichts dazu. *Aber ich sah das erste Mal in unserer langen Ehezeit Tränen in seinen Augen.* Da begriff ich, dass er all das ohne Worte aus Liebe für mich getan hatte.«

Schreiben Sie Ihrem Ehepartner doch einmal eine verzierte Dankesliste und rahmen Sie sie ein. Mit unserem Dank drücken wir aus: »Ich schätze, was du für mich tust.«

Wer anfängt, danke zu sagen, bekommt immer mehr Grund dazu. Dank ist das stärkste Mittel gegen die zerstörerische Kraft der Unzufriedenheit.

Lob

Lob ist der Antriebsmotor für die Seele, der Ausdruck, dass mich jemand schätzt, die Würze am Salat.

Wer gelobt wird, spürt, dass er jemandem wichtig ist oder dass jemand beachtet, was er leistet.

Lob motiviert in hohem Maße dazu, nicht aufzugeben, sondern weiterzumachen.

Erste Begegnungen mit Menschen sind meist positiv, weil man hauptsächlich die Dinge wahrnimmt, die einem gefallen.

Lob ist für den Betroffenen das Zeichen, dass er selbst oder seine Leistung geschätzt wird. Es lohnt sich, das Lob zu wiederholen.

Leider leben wir in einer Zeit, in der selten Lob ausgesprochen wird. Die Selbstverständlichkeiten des Alltags, die funktionieren, werden wenig erwähnt. Nur das Nichtfunktionieren wird gerügt. Die positiven Dinge werden nicht mehr wahrgenommen. Je länger wir einander kennen, desto mehr bleibt das Lob aus. Wir sind stolz auf unsere Kritikfähigkeit und fangen an, den andern nach unseren Vorstellungen zu erziehen. Die Folgen davon sind Missverständnisse und Streit.

Ich habe gehört, dass eine Negativaussage erst von fünf anderen positiven Aussagen ausgeglichen wird.

Beginnen Sie doch gleich mit der Umsetzung von Positivem! Schreiben Sie einen lieben Brief, in dem sie die Vorzüge des Ihnen nahestehenden Menschen hervorheben! Der Alltag erstickt oft das Lob. Aber auf diese Weise kann der Briefempfänger immer wieder einmal nachlesen, was Sie an ihm schätzen.

Auch für Kinder ist Lob besonders wichtig. Und die Temperamentvollsten brauchen das meiste Lob. Weil sie so oft über das Ziel hinausschießen, findet man selten Grund zum Loben. Gestalten Sie Ihrem Kind eine Urkunde und rahmen Sie sie ein. So hat Ihr Kind immer vor Augen, dass Sie es gut finden.

Respekt, Höflichkeit, Freundlichkeit

Respekt und Höflichkeit waren früher zwei ganz normale Formen, die einfach zum Umgang miteinander gehörten. Man respektierte Menschen, die eine bessere Bildung hatten – die älteren Menschen wegen ihrer Lebensreife. Kunden wurden höflich bedient, weil das Geschäft von ihnen abhing.

Höflichkeit ist eine Lebensform. Sie ist unabhängig vom Verhalten des anderen und einfach ein Zeichen des guten

Tons. Dadurch werden Verletzungen weitgehend ausgeschlossen.

Eine Bekannte von mir kam von einer Reise nach Japan zurück. Sie meinte: »Die Höflichkeit dieser Menschen tut einfach gut. Sicher kommt sie nicht aus tiefstem Herzen. Aber allein der Umgangston wird dadurch viel angenehmer.«

Freundlichkeit ist eine Geste, die Gefühl einfließen lässt. Während Respekt und Höflichkeit antrainiert werden können, ist Freundlichkeit eine Herzenshaltung. Mein Gegenüber spürt, dass er mir nicht gleichgültig ist. Ich baue eine Brücke zu ihm durch mein Lächeln. Dies muss nicht unbedingt eine Verbindung zustande kommen lassen. Es signalisiert einfach Wohlwollen. Menschenfreundlichkeit zeigt eine positive Einstellung zum Menschen überhaupt. Ein verbitterter Mensch wird keine Freundlichkeit ausstrahlen.

Ein Gespräch gelingt weit besser, wenn zwei freundliche Menschen aufeinandertreffen. Auch wenn sie in vielem nicht übereinstimmen, werden sie nie verletzend werden.

Freundlichkeit ist der Ausgangspunkt jedes guten Gesprächs. Höflichkeit und Respekt können verhindern, dass ein Gespräch eskaliert.

Wir sollten diese Umgangsformen für ein besseres Miteinander in Beruf und Familie neu einüben.
Wer einen Menschen anlächelt, schenkt ihm damit Zuwen-

dung. Dieser Mensch wird sich besser fühlen. Und das Geschenk, das wir dem anderen mit unserem Lächeln bereiten, kehrt als eigenes Wohlgefühl zu uns zurück. Deshalb: Lernen Sie, mehr zu lächeln!

Zeit haben füreinander

Je länger eine Ehe besteht, desto schöner und erfüllter kann sie werden. Sie kann sich aber auch abnutzen und Qualen verursachen. Damit dieser Zustand nicht eintritt, bedarf es regelmäßiger Ehepflege. Doch auch wenn Sie schon Verschleißerscheinungen feststellen, lassen diese sich beheben.

Die Phase der Freundschaft und der Verlobung ist dadurch geprägt, dass man viel Zeit miteinander verbringt. Man schreibt sich regelmäßig oder telefoniert miteinander. Es gibt fast nichts, was man nicht voneinander wüsste. Es ist möglich, auch ohne zu reden einfach auf einer Wiese zu sitzen und einem Sonnenuntergang zuzuschauen.

Nach langer Ehe scheint man sich zu kennen. Man wünscht sich freundlich »Guten Morgen« und betet vielleicht sogar miteinander. Aber dann frisst der Alltag die Gemeinsamkeit. Alles scheint wichtig zu sein: der Einkauf, Geburtstage, Arzttermine, die Krankheit der Kinder, die Not der Menschen, die ungeputzten Fenster …

Beim Mann sind es Anforderungen im Beruf und unaufschiebbare Termine, die seine Kraft aufzehren. Wenn dann abends beide im Bett liegen, sind sie zu erschöpft, ein Gespräch zu beginnen oder Nähe zu pflegen.

Wirkliche Liebe meint: Zeit haben füreinander. Für alles, was uns wertvoll ist, investieren wir Zeit. *Wer sich für den anderen Zeit nimmt, sagt damit: Du bist mir wichtig.*

Deshalb müssen wir gerade in einer langjährigen Ehe darauf achten, dass Zeit auch für uns beide geplant wird. Wir verändern uns in der Persönlichkeit und müssen diesen Schritt im Gespräch aufarbeiten. Sonst leben wir am anderen und seinen veränderten Bedürfnissen vorbei – und wundern uns darüber, wie fremd wir uns sind.

Es ist weniger wichtig, dass wir in allem harmonieren, als dass wir nachvollziehen können, warum etwas für den Partner von Bedeutung ist. Jetzt ist zuhören »dran«. Oft meint man schon zu wissen, was der andere sagen will, und hört deshalb nicht mehr richtig zu. Man meint, ihn zu kennen, und weiß in Wirklichkeit nur, wie er früher war. Missverständnisse bauen sich auf. Man beginnt zu streiten – oder man schweigt resigniert.

Kleine Schritte aufeinander zu
- Wenn Ihr Partner zu reden beginnt, dann legen Sie Ihre Arbeit nieder und wenden sich ihm zu. Diese Botschaft heißt: »Was du sagst, ist mir wichtig.«
- Ich gebe meine Vorwurfshaltung auf: »Du hast ja doch keine Zeit für mich.«

- Ich mache dem anderen einen konkreten Vorschlag, indem ich ihn z. B. zu einem Kaffee mit Kuchen einlade.
- Ich reagiere nicht beleidigt, wenn der andere nicht freudig und spontan darauf »einsteigt«, sondern versuche es später noch mal.
- Meine Gespräche mit dem Partner sollen angenehm und nicht fordernd verlaufen. Man kann ruhig auch schweigen, sofern es kein anklagendes Schweigen ist. Wer liebevoll schweigt, gibt eine gute Botschaft weiter.
- Bereiten Sie eine Tasse Tee oder Kaffee vor, wenn Ihr Partner nach Hause kommt. Sagen Sie den Kindern, gerade auch den Heranwachsenden, dass das Ihre gemeinsame Zeit mit dem Ehepartner ist und dass Sie nicht unterbrochen werden wollen. Telefonanrufe nimmt der Anrufbeantworter entgegen.
- Lassen Sie nicht zu, dass Sie einander fremd werden. Nehmen Sie sich Zeit für Berührungen.
- Planen Sie im Terminkalender gemeinsame Zeiten ein, bevor andere Ihre ganze Zeit verplanen.

Zeit ist der wichtigste Faktor, um einem Menschen meine Liebe zu zeigen.

Viele Dinge erscheinen einem wichtiger, als die Zeit mit seinem Ehepartner zu verbringen. Leider ist es oft zu spät, wenn man merkt, dass ein anderer Mensch in sein Leben eingedrungen ist, der mehr Zeit für ihn hat. Deshalb: nicht nur arbeiten, sondern sich Zeit nehmen für Freude!

Das erste Wunder Jesu war kein wirklich not-wendiges Wunder. Es war scheinbar überflüssig: Jesus verwandelte Wasser in Wein bei der Hochzeit in Kana. Vielleicht will er uns damit sagen: »Gönnt euch Zeit zur Freude, nehmt euch Zeit zum Feiern!«

Halten Sie inne, bevor das Wichtigste in Ihrer Ehe verloren geht – die Zuneigung zueinander!

Die 10 Gebote der guten menschlichen Beziehungen

1. Sprechen Sie mit den Leuten. Es gibt nichts, was so angenehm und erfreulich wäre wie ein liebenswürdiger Gruß.

2. Lächeln Sie den Leuten zu. Man muss 72 Muskeln in Bewegung setzen, um ein böses Gesicht zu machen, aber nur 14, um zu lächeln.

3. Nennen Sie die Leute beim Namen. Für jeden Menschen ist die angenehmste Musik der Klang des eigenen Namens.

4. Seien Sie freundlich und hilfsbereit. Wenn Sie Freunde haben möchten, seien Sie freundlich.

5. Sprechen Sie herzlich. Sprechen und handeln Sie, als würde Ihnen alles, was Sie tun, echte Freude bereiten.

6. Interessieren Sie sich für andere Leute. Sie können fast jeden leiden, wenn Sie es nur versuchen.

7. Seien Sie großzügig mit Komplimenten und zurückhaltend mit Kritik.

8. Nehmen Sie auf die Gefühle anderer Rücksicht. Man wird Ihnen dafür dankbar sein.

9. Respektieren Sie die Meinung anderer. Es gibt bei einer Meinungsverschiedenheit immer drei Seiten: die Ihre, die des anderen und die richtige.

10. Seien Sie immer bereit, einen Dienst zu leisten. Im Leben zählt das am meisten, was wir für die anderen tun, und damit letztendlich für uns.

(Quelle unbekannt)

5. Gefühle, Angst, Aggression, Sorgen

Unsere innere und äußere Haut

Wie wir eine äußere Haut haben, besitzen wir auch eine innere. Leider ist uns im Lauf des Lebens häufig der Zugang zu den jeweiligen Verletzungen verloren gegangen. Wir spüren nur hinterher Auswirkungen, die sich als innerer Schmerz, Rückzug, Depression äußern können.

Depression drückt aus: Mein Inneres leidet. Aggression ist die äußere Antwort. Ich verletze den anderen, weil ich verletzt wurde.

Wenn uns jemand mit einem Messer verletzt, werden wir aufschreien, uns zu wehren versuchen. Mit Sicherheit werden wir nicht geduldig dastehen und den anderen auffordern, nochmals zuzustechen. Auch wenn uns jemand nur aus Versehen auf den Fuß tritt, werden wir spontan mit »Au« reagieren, wenn es schmerzhaft war.

Im Gespräch geht es oft anders zu. Der Zurückhaltende, der verletzt wird, gibt keinen Laut von sich. Er wird sich zurückziehen und leiden. Sein Gegenüber nimmt möglicherweise gar nicht wahr, dass er ihn getroffen hat.

Der Aggressive dagegen wird vielleicht zurückschlagen, bevor der andere sagen kann, dass er eigentlich nicht verletzen wollte. Bedingt durch Angst, die in früherer

Zeit aufgebaut wurde, gibt er seinem Gesprächspartner keine Chance zur Richtigstellung.

Die Temperamentvollen und die Ruhigen

Die Temperamentvollen werden in der Kommunikation meist schneller schuldig als die ruhigen. Der Temperamentvolle reagiert oft unreflektiert, gibt Dinge von sich, die er später manchmal bereut. Er ist für den Gesprächspartner durchschaubar. Der andere weiß in der Regel, woran er ist. Trotzdem können durch spontan ausgesprochene Worte, auch wenn sie nicht böse gemeint sind, Verletzungen entstehen.

Der Sensible hat oft mit Schuldgefühlen zu kämpfen. Er spürt es, wenn er jemand verletzt hat und versucht, durch die Bitte um Vergebung die Sache wieder gutzumachen. Dabei wird er oft nicht ernst genommen. Der Ruhige sieht die Verletzung schon voraus und will deshalb nicht einfach vergeben. »Es verändert sich doch nichts«, ist seine Devise. Durch diese Unversöhnlichkeit gerät der Spontane oft in die Position, dass er sich ungenügend fühlt. Die Angst vor neuem Versagen steht ständig im Raum.

Der Ruhige oder Schweigende scheint hier einen Vorteil zu haben. Er wird durch Worte viel seltener schuldig. Deshalb muss er auch weniger um Vergebung bitten. Aber im Herzen sammelt er oft Bitterkeit, die wie eine Mauer gegen den anderen anwächst. Der Schweiger gibt sich nicht preis. Er behält seinen Ärger für sich, verwendet ihn im richtigen Moment gezielt gegen den anderen, klagt ein, macht Vorwürfe, sammelt Argumente. Er »macht zu«, verweigert den Blick ins eigene Herz. Er zeigt manchmal seine Überlegenheit. Oft aber stecken einfach Hilflosigkeit, Verzweiflung, Resignation dahinter.

Diese beiden Kommunikationspartner sollten lernen, sich zu verstehen, indem sie in der scheinbaren Stärke des anderen seine Schwäche sehen. *Der Laute muss die Hilflosigkeit des Stillen entdecken, wenn es darum geht, sich auszudrücken. Der Zurückhaltende darf beim Spontanen nicht jedes Wort auf die Goldwaage legen.*

Ärger und Stress

Mediziner bezeichnen mit *Stress* die Abwehrreaktion von Körper und Seele auf starke Reize, z. B. Lärm, Konflikte, Druck, Zeitnot.

Bei *Ärger* schüttet das Gehirn vermehrt sogenannte Stresshormone aus. In der Folge verändert sich der Blutdruck, das Herz schlägt schneller, der gesamte Organismus wird in Alarmbereitschaft gesetzt, ist gespannt. Die erhöhte Alarmbereitschaft macht ihn anfällig für Fehlreaktionen. Der amerikanische Stressforscher Richard Carlson meint: 80 % unseres Ärgers ist auf unserem eigenen Mist gewachsen. In seinem Buch »Don't sweat the stuff« – salopp übersetzt »Alles kein Problem« – gibt er viele Tipps für den Umgang miteinander und wie man letztlich selbst davon profitiert, wenn man mit anderen freundlich umgeht.

Unter anderem sagt er:
- Akzeptieren Sie, dass die Dinge schieflaufen – davon geht die Welt nicht unter.
- Fallen Sie anderen nicht ins Wort.
- Machen Sie andere nicht für die eigenen Missgeschicke verantwortlich.
- Vergessen Sie die Idee, dass alles perfekt sein muss – Sie müssen es auch nicht sein.
- Beharren Sie nicht stur auf Ihrem Recht. Das kostet unnötig viel Energie.
- Wer nach Fehlern sucht, findet auch welche.

Manfred Schedlowski, Direktor des Instituts für Medizinische Psychologie in Essen, stellt fest: »Es ist der Dauerstress, der die Menschen so belastet; kurzfristiger Stress schadet nicht.«

Untersuchungen seines Instituts ergaben: 61 % aller Deutschen fühlen sich im Beruf überfordert. 30 % stehen unter Druck, weil sie glauben, Beruf und Familie nicht unter einen Hut zu bekommen. 20 % klagen über Stress mit den Vorgesetzten, 16 % über Stress im Straßenverkehr.

Ärger hat viele Auslöser. In der Regel wird auch der gutmütigste Mensch ärgerlich, wenn ihm etwas über die Hutschnur geht, d. h. wenn eine Situation eskaliert. Viele Menschen warten zu lange, bevor sie einen Laut von sich geben. Sie ertragen eine Situation, bis sie keine Kraft mehr haben, sie zu meistern. Die »innere Haut« unternimmt einen letzten Anlauf, um sich zu schützen. Sie bricht aus. Das kann mit lauten, ausfallenden Worten, mit abweisenden Gesten oder mit bösen Blicken geschehen.

Es gibt kleine Ärgernisse wie das Herunterfallen einer Tasse, das Auslaufen eines Federhalters. Immer spielt dabei die jeweilige Stimmung eines Menschen eine Rolle. Hat er gut geschlafen und ist froh aufgewacht, wird er gelassener reagieren, als wenn er pochende Kopfschmerzen hat.

Ein Ärgernis ist, wenn man einen wichtigen Termin verpasst, weil ein Zug sich verspätet. Ärgerlicher aber ist es, wenn jemand aus Nachlässigkeit eine Situation entstehen lässt, von der gleich mehrere Menschen betroffen sind.

Gleichgültig, ob es ein großes oder kleines Übel war, das unseren Ärger hervorrief, es wird dadurch nichts gelöst. Wir nehmen meist nur eine schlechte Stimmung mit, die wir dann auch auf andere übertragen. *Wer sich ärgert, bei dem wird alles nur ärger.*

Spannungen und Aggressionen

Wer unter Spannung steht, ist immer ein schlechter Kommunikationspartner. Der Blick auf die Uhr zeigt an, dass er wenig Zeit hat. Und wer nun in Kürze aussprechen soll, was sein Inneres bewegt, wird es dann entweder ganz bleiben lassen und sich zurückziehen – oder gar kein Ende finden und den unter Stress stehenden Partner noch mehr in Not bringen.

Spannung darf nicht einfach als persönliches Problem abgehandelt werden. Der Gesprächspartner wird sich durch die Ungeduld des anderen persönlich angegriffen oder auch schuldig fühlen, wenn er den Grund nicht kennt.

Deshalb sollte derjenige, der unter Spannung oder Schmerzen leidet, dem anderen mitteilen, warum er so ungeduldig ist. Damit erklärt er auch, dass Fehlreaktionen in seinem Verhalten auf die eigene geringe Belastbarkeit zurückzuführen sind. Leider kommt nicht immer Verständnis dafür zustande.

Es sollte aber auch nicht so sein, dass jemand, der unter Spannung steht, sich berechtigt fühlt, immer seinen Launen nachzugeben.

Wir können ruhig bleiben und aufs Ziel schauen. – Ein Bekannter berichtete, wie er einmal lange Zeit in einem Stau stand. Er versuchte sich damit zu trösten, dass er mit Sicherheit am nächsten Morgen nicht mehr da stünde. Auch dieser Stau würde sich irgendwann auflösen, sagte er sich. Das half ihm, innerlich ruhig zu bleiben.

Wir sollten versuchen, Lösungen zu finden, wo Ärger vorprogrammiert ist. Er muss nicht einfach nur hingenommen werden.

Ein Chef sollte einen nachlässigen Angestellten darauf hinweisen, was von ihm konkret erwartet wird. Dieser sollte z. B. wissen, dass er seinen Arbeitsplatz verlieren wird, wenn sich nichts verändert. Ärgern allein genügt nicht.

Wir müssen lernen, Ärger in die richtigen Worte zu kleiden und auszusprechen. Jemand ist wütend und lässt seine Wut am anderen aus, egal, ob dieser dran schuld ist oder nicht. Das geschieht leider viel zu schnell. Bei Fremden bleibt man eher freundlich. Aber die Familie bekommt danach die Spannung zu spüren, die eigentlich jemand anderem galt.

Deshalb darf und muss z. B. der Dauerredner im Bibelkreis höflich, aber bestimmt erfahren, dass auch die Geschwister etwas sagen wollen. Es genügt nicht, dass alle hinterher über ihn schimpfen und sich darüber ärgern. Er muss freundlich, aber deutlich darauf angesprochen werden. Wenn er sich dann beleidigt zurückzieht, darf er dies tun.

Aristoteles, ein griechischer Philosoph, sagt: *»Jeder kann wütend werden, das ist leicht. Aber wütend auf den Richtigen zu sein, im richtigen Maß, zur richtigen Zeit, zum richtigen Zweck und auf die richtige Art, das ist nicht leicht.«*

»Eine sanfte Antwort dämpft den Grimm. Ein verletzendes Wort aber reizt zum Zorn.« (Sprüche 15,1)

Wir dürfen Gott zutrauen, dass er einen Weg hat. Es gibt Dinge, die wirklich ärgerlich sind. Und doch sollten wir gerade als Menschen, die Gott lieben, ihm zutrauen, dass er auch wirklich ärgerliche Dinge zum Besten verändern kann.

Ich war zu einem Vortrag eingeladen. Es war ziemlich kalt draußen. In den Nachrichten war aber angesagt, dass für den nächsten Morgen weder Schnee noch Eisglätte zu erwarten waren. Doch als ich aufwachte, lag eine dicke Schneeschicht auf der Straße. Schnell zogen wir uns an und begaben uns wesentlich früher auf den Weg als geplant. Wir wollten die Veranstalter beim Frauenfrühstück nicht in Besorgnis bringen.

Nach 30 Kilometern gerieten wir in einen Stau. Erst nach zwei Stunden löste sich dieser langsam auf. Uns war klar, dass ein Weiterfahren keinen Wert hatte. Wir hatten noch 100 Kilometer Wegstrecke vor uns. Bis wir ankämen, wäre alles schon zu Ende. Außerdem wussten wir nicht, ob uns noch weitere Staus erwarteten. Deshalb machten wir uns wieder auf den Heimweg.

Inzwischen war für mich eine Frau eingesprungen, die völlig unvorbereitet sprach. Ihr Vortrag kam so gut an, dass sie heute selbst Frauenfrühstücke hält. – *Manches scheinbare Unglück wird zu einer Chance.*

Möglichkeiten, mit Spannungen umzugehen

- Oft hilft es, innere Spannung in Bewegung umzusetzen: Eine Fahrt auf dem Heimfahrrad nimmt Spannung weg oder verringert sie. Man kann den Mantel anziehen und einen Spaziergang machen – gehen hilft, etwas unter die Füße zu bekommen. Atmen Sie tief aus und ein – die Luft dabei stauen und mit lauten P oder T ausstoßen. Danach atmet man automatisch tiefer ein. Das bewirkt Entspannung und vermehrt die Sauerstoffzufuhr.

• Nehmen Sie den Stift zur Hand und fassen Sie Ihren Ärger in Worte! Mancher schreibt ihn sich buchstäblich von der Seele. Wer etwas aufschreibt, muss Worte für seine Gefühle finden. Dadurch stehen sie nicht mehr unformuliert im Raum.

• Sprechen Sie sich bei einem verständnisvollen Menschen aus! Wer dem richtigen Menschen seinen Ärger anvertraut, findet Hilfe beim Aussprechen. Aussprache erleichtert. Zudem kann man auf einen guten Rat hoffen.

• Lassen Sie Ihren Ärger bei Gott heraus! Niemand kann uns so tief verstehen und so mitfühlen wie Gott selbst, der unsere Gefühle geschaffen hat. Deshalb ist unser Ärger bei ihm am besten aufgehoben. Im Gespräch mit ihm darf ich ungeschützt sagen, was mich so ärgerlich gemacht hat. Vielleicht zeigt er mir dann auch ganz sacht, wo ich mitschuldig geworden bin.

• Falls der Ärger durch Dauerstress bedingt ist, muss ich überlegen, wie ich einen Weg finde, um weniger belastet zu sein. Ich muss mir klar machen, wodurch Spannung in der Regel entsteht. Dann können die jeweiligen Situationen durch besseres Planen vorbereitet oder sogar gemieden werden.

Spannungen entstehen durch Überforderung im Beruf

und im Alltag. Sie sind verknüpft mit Erwartungshaltungen von Menschen, denen wir uns unterlegen oder verpflichtet, oder von denen wir uns falsch eingeschätzt, gebraucht oder missbraucht fühlen. Das passiert leider auch häufig durch andere Christen, die manches ganz selbstverständlich von uns erwarten.

Wer ein zu großes Maß an Arbeit zu leisten hat, steht so sehr unter Spannung, dass er auf jede Störung mit Ärger reagiert. Hier muss neu geordnet werden, was andere übernehmen können und was getrost aufgegeben werden darf. *Nicht nur das Tun ist wichtig, sondern auch das Lassen.*

Eine Frau schrieb mir einen Brief: »Ich fühle mich völlig überlastet durch unsere erwachsenen Kinder. Sie bestimmen irgendwie über mich, sie selbst aber verplanen ihre Zeit ganz nach ihrem Gutdünken. Ich freue mich ja, dass sie gerne nach Hause kommen. Aber sie hinterlassen regelmäßig hohe Telefonrechnungen, Berge von Wäsche und große Defizite durch ihre Einkäufe.

Meist melden sie sich an mit den Worten: ›Wir machen dir auch wirklich keine Arbeit!‹

Ich würde mich schuldig fühlen, wenn ich Nein sagte. Aber umgekehrt habe ich einfach keine Kraft dafür, dass sie zwei Wochen Urlaub bei mir machen. Ich bin hinterher jedes Mal fix und fertig und fühle mich krank.

Mein Mann meint, das gehöre nun mal dazu, und ich solle kein solches Aufhebens darum machen.

Darf ich trotzdem die Zeit begrenzen, die sie kommen dürfen? Darf ich ihnen etwas zumuten, nämlich mitzuhelfen? Darf ich mich wehren? Ist es kleinlich, wenn ich ihnen verbiete, aus den Schränken zu holen, was sie gerade brauchen? Bin ich lieblos, wenn ich ihnen sage, sie sollen von der Post aus telefonieren, wenn sie Auslandsgespräche führen?

Nach den Besuchen meiner Kinder bin ich regelmäßig krank.«

Mein Antwortbrief lautete:
»Sie dürfen nicht nur, Sie müssen handeln! Wer sich ständig gegen seine inneren Grenzen entscheidet, bekommt einen Schaden. Sein Inneres fühlt sich gekränkt. Der Körper reagiert mit Krankheit oder die Psyche mit Depression.

Die andere Möglichkeit ist Aggression. Der überforderte Mensch wehrt sich, zeigt falsche Reaktionen. Er fügt dem anderen – vielleicht nur verbal – Leid zu, um den inneren Abstand zu verdeutlichen. Häufig macht er sich dabei durch seine ablehnende Haltung oder falsche Wortwahl schuldig.

Schuldgefühle verleiten ihn schließlich dazu, wieder nachzugeben, wenn eine neue Anfrage ansteht. Der Kreislauf schließt sich. Der Selbstwert sinkt. Der Druck steigt aufgrund der Erwartungen. Zum Schluss bleiben Versagenserlebnisse, von den Kindern der Stempel ungenügend, vom Mann der Vorwurf: ›Du hast zu wenig gegeben.‹
Unterbrechen Sie diesen Kreislauf. Setzen Sie Grenzen! Reden und handeln Sie!

Es wird immer zu kleineren oder größeren Verletzungen kommen, wenn wir die Erwartungen anderer nicht erfüllen. Aber wir bleiben selbst gesund und haben keine Aggressionen gegen Menschen, die wir eigentlich lieben.

Im Laufe der Zeit werden unsere Grenzen respektiert werden.«

Aggressionen sind häufig die Antwort auf Spannungen im Umgang mit Menschen. Leider werden sie selten dem Gegenüber ausgedrückt, der schuld daran war, dass es dazu kam. In der Öffentlichkeit und im Beruf benehmen wir uns meist angepasst und lassen uns manches gefallen. Vertraute Menschen aber lassen wir Spannung spüren und benutzen sie häufig als Blitzableiter.

Ein Mann, der unter Spannung steht, kommt nach Hause. Er ist hungrig. Weil das Essen noch nicht auf dem Tisch steht, reagiert er ärgerlich. Seine Frau, die nicht ahnen konnte, wie groß sein Hunger ist, lässt seine Anschuldigungen nicht auf sich sitzen. Sie verteidigt sich. Er kann jetzt den ganzen Frust loswerden, der in seinem Inneren ist. Der hatte aber eigentlich weder mit seiner Frau noch mit dem Essen zu tun.

Aggressionen können eine Antwort auf fehlende Grenzen sein. Aggressionen empfinden Eltern häufig ihren Kindern gegenüber. Eigentlich lieben sie sie. Aber sie fühlen sich durch deren Wünsche überfordert, sowohl zeitlich als auch finanziell. Sie sind kaum in der

Lage, ein normales Familienspiel zu Ende zu führen, weil ein Kind mit dem Verlieren nicht umgehen kann und das ganze fast immer in einer Katastrophe endet. Die Kinder brauchen Grenzen. Wenn Eltern immer nur nachgeben, auch wenn es aus Liebe ist, werden sie schließlich ein Kind haben, das ihnen diktiert, wie sie zu handeln haben. Mit der Zeit werden sie kaum noch Kraft haben, es anzunehmen, weil sie ständig überfordert sind. Sie müssen also lernen, Grenzen deutlich zu formulieren.

Grenzen deutlich formulieren. Vor mir sitzt ein Elternpaar. Die Mutter fühlt sich mit den beiden Kindern (12 und 16 Jahre) überfordert. Die Kinder sind zu keiner Mithilfe bereit. Der Vater würde am liebsten ausziehen, da er die Streitigkeiten mit den Kindern und mit der Frau, die ständig über die Kinder klagt, satt hat. Er fühlt sich wie ein Richter, der beide Seiten anhören muss, um dann zu entscheiden, wer recht hat. Am liebsten würde er weggehen und sich irgendwo ein neues Leben aufbauen, verrät er im Gespräch. Die Frau ist erschüttert über diese Aussage.

Wir erarbeiten im Gespräch, dass der Vater nicht mehr als Richter fungieren darf, sondern zu dem stehen muss, was die Frau den Tag über entscheidet. Wir besprechen miteinander, welche Aufgaben die Kinder ab jetzt zu übernehmen haben – und dass beide, Vater und Mutter, dazu stehen sollen.

Schon nach wenigen Wochen ist die Lage weit besser. Die Kinder helfen zwar nicht gerade gern, aber sie übernehmen ihre Aufgaben. Der Vater schaltet sich in die Erziehung mit ein. Die Frau fühlt sich nicht überfordert. Das Familienklima ist deutlich besser. Der Mann kommt wieder gerne nach Hause.

Deutlich formulierte Aufgaben und Grenzen sind weit effektiver als ständiges Nörgeln und Unzufriedensein. Grenzen setzen heißt: dem Kind zumuten, etwas auszuhalten. Eingebunden in Liebe wird es daran wachsen, und seine Eltern werden Kraft haben, es gerne zu begleiten und es zu lieben.

- Welcher Ausdruck bei meinem Kind bringt mich auf die Palme?
- Was treibt mich in unserer Partnerschaft in ärgerliche Stimmung?
- Was macht mich wütend im Umgang mit meinem Chef und meinen Kollegen?
- Wann reagiere ich ungehalten im Straßenverkehr/beim Einkaufen?

Angst als Antwort auf Aggression: Wer ständig auf den anderen mit Angst reagiert, wird dessen Aggressionen fördern.

Im Verlauf eines Briefwechsels erfuhr ich von einer Frau, welche Demütigungen, Beschimpfungen und Gemeinheiten sie von ihrem Mann erdulden musste. Aus Angst hatte die Frau über zehn Jahre geschwiegen und sich geduckt. Sie war depressiv und inzwischen kaum mehr fähig, ihren kleinen Haushalt zu versorgen.

Aber nun hatte sie sich ein Herz genommen und sich mir erstmalig geöffnet. »Er droht mir ständig damit, sich von mir scheiden zu lassen«, schrieb sie.

»Sobald diese Aussage wieder fällt«, antwortete ich ihr darauf, »sagen Sie ihm klar, dass auch Sie darüber nachgedacht und genau dasselbe Ansinnen haben.«

Sie tat es.

Der Mann reagierte fürchterlich. Nach einem Wutausbruch, der nicht ungefährlich war, zog er sich für Wochen in eisiges Schweigen zurück. Danach aber kam er auf sie zu. Er weinte und bat sie darum, nicht wegzugehen. Zum ersten Mal gab er zu, wie schrecklich er all die Jahre mit ihr umgegangen war, und bat um einen Neuanfang. Sie machte zur Auflage, mit Hilfe einer Eheberatung Altes aufzuarbeiten. Er solle Termine vereinbaren, dann sei sie zu einem Neuanfang bereit. Dadurch kam etwas in Bewegung, was dem Mann noch mehr zur Hilfe wurde als der Frau.

Sie schrieb mir: »Endlich habe ich begriffen, dass das Wort Nächstenliebe nichts damit zu tun hat, mir alle Gemeinheiten bieten zu lassen. Aber ich weiß auch, dass ich nun einiges dazulernen muss, wie ich handeln soll. Das bloße Aushalten der Situation war irgendwie einfacher.«

Aggressionen können zum Sterben einer Beziehung führen, ohne dass der Auslösende dies wollte. Wer auf

Aggressionen nur mit Nachsicht reagiert, wird sich auf Dauer überfordern und seinem Gegenüber die Möglichkeit nehmen, sich zu verändern.

Allerdings können wir den anderen nicht wirklich verändern. Die Entscheidung muss in uns reifen, wie wir selbst handeln oder uns verhalten wollen. Wer versucht, mit Druck zu arbeiten, wird vielleicht kurzfristige Veränderungen erreichen, aber keine bleibende Frucht sehen.

- Was kann ich in Zukunft konkret ändern?

Bei Aggression kann man lernen, in die richtige Richtung abzubiegen. Wer an sich entdeckt, dass er häufig Fehlreaktionen zeigt und sich nicht beherrschen kann, darf umlernen.

Vor einigen Jahren zogen wir innerhalb des Dorfes in ein anderes Haus. Wenn ich nun mit dem Auto nach Hause unterwegs war, bog ich längere Zeit in die Richtung des vorigen Hauses ab. Erst kurz vorher wurde mir bewusst, dass dies nicht mehr mein Zuhause war.

Mit der Zeit passierte dies seltener. Schon einige Meter, nachdem ich abgebogen war, wusste ich, dass ich in die falsche Richtung gefahren war. Als nächstes blinkte ich vor der Abzweigung, holte aber rechtzeitig wieder den Blinker ein, bevor ich abgebogen war. Heute denke ich nicht einmal mehr darüber nach. Das neue Haus ist mein Zuhause geworden.

Wenn uns etwas vertraut geworden ist, fällt es schwer, umzulernen. Auch wenn wir in einem Verhaltensmuster nicht bleiben wollen, ist es nicht einfach, es zu verändern. Doch am Anfang steht das Wollen. Wenn sich nicht gleich Erfolg einstellt, sollten wir nicht aufgeben. Es ist ähnlich wie mit dem alten und den neuen Nachhauseweg, an den man sich erst gewöhnen muss.

Stellen Sie sich möglichst genau vor, wie Sie in verschiedenen Situationen bis jetzt regelmäßig reagierten – bei Schwierigkeiten mit dem Chef, bei Problemen mit Angestellten, beim Streit mit dem Ehepartner, beim Ungehorsam Ihres Kindes.

Nun notieren Sie, wie Sie gerne reagieren würden, wenn Sie sich in diesen Momenten in der Hand hätten. Malen Sie sich die jeweilige Situation vor Augen und überlegen Sie sich Worte dafür.
Wenn die nächste Situation wieder danebengeht, schauen Sie auf Ihre Liste. Unterstreichen Sie, wie anders Sie gehandelt hätten, wäre der »Klick« früher gekommen. Verurteilen Sie sich selbst nicht. Sie sind in einem Lernprozess!

Gewähren Sie sich Zeit zum Umlernen. Wer Jahre im selben Muster gelebt hat, kann nicht erwarten, dass das bloße Wollen zur Veränderung genügt!

Bitten Sie Gott um Vergebung, wenn Sie schuldig geworden sind – und bitten Sie auch Ihr Gegenüber darum, Ihnen zu verzeihen. Und dann haben Sie Mut, weiterzumachen und sich nicht in Schuldgefühlen zu verzehren!

»Der Gerechte fällt sieben Mal« (Sprüche 24,16).
Walter Trobisch meinte dazu: »Er kann nur nochmals fallen, weil er den Mut hatte, immer wieder aufzustehen.«

Als meine Kinder Rad fahren lernten, staunte ich, wie oft sie nach einem Sturz aufstanden und sofort weiterübten. *Geben Sie dem Versagen nicht soviel Raum in Ihren Gedanken! Bringen Sie es zu Gott, bitten Sie um Vergebung – und üben Sie getrost weiter!*

Aggression ist eigentlich etwas Positives. Gott hat uns dieses Leben gegeben, damit wir es schützen. Er gab uns eine äußere Haut, die es zu retten gilt: Wir laufen weg vor Feuer, wir weichen vom Rand des Abgrunds. Und er machte uns sensibel dafür, wenn Verletzung für den inneren Menschen droht.

Leider haben wir zu wenig gelernt, damit sinnvoll umzugehen. Verletzungen im Bereich der Gefühle nehmen wir meist zu spät wahr. Wir schaffen es oft nicht, uns gegen den wirklichen »Feind« zu schützen. Stattdessen schaffen wir uns in den Reihen unserer Freunde durch falsche Reaktionen immer neue Probleme.

Wir sollten diese inneren Gefühle ebenso ernst nehmen wie die äußeren. Sonst gewinnen sie Macht über uns und verselbstständigen sich. Hinter Zorn versteckt sich oft das Gefühl, übergangen zu werden, Unterlegenheit, Verzweiflung, alte Verletzungen, Enttäuschung, das Gefühl, nicht verstanden oder nicht ernst genommen zu werden.

Diese Gefühle treiben in die Enge. Und Enge bringt zum Platzen. Sei es durch Anforderungen, die wir von anderen vermittelt bekommen, oder solche, die wir uns selbst auferlegen – Überforderung bringt uns in einen Zustand der Spannung.

Aggressionen sind innere Warnlampen. Wir müssen sie auf ihre jeweilige Aussage prüfen.

Danach können wir sie entweder abschalten und Entwarnung geben oder uns mit ihnen auseinandersetzen, um Dinge zu verändern.

Wir müssen lernen, konsequent zu sein. Wer weiß, wo er regelmäßig ausrastet, sollte lernen, seine Grenzen zu finden und zu akzeptieren. In seinem Umfeld muss er deutlicher signalisieren, was er will und was er nicht will. Dabei wird er auch in Kauf nehmen müssen, dass er vielleicht nicht mehr so beliebt ist. Wer immer nur Ja sagt, wenn er um etwas gebeten wird, hat meist mehr Freunde.

Wir müssen unsere Einstellung deutlich formulieren. Wir dürfen nicht erwarten, dass unsere Entscheidungen immer akzeptiert werden. Aber unsere Einstellung muss deutlich formuliert sein. Das schützt uns und andere vor

Missverständnissen. Statt uns in Vorwürfe oder in den Rückzug zu flüchten, müssen wir im Klartext reden lernen, was wir uns vorstellen. Gefühle müssen in Worte gekleidet werden, um verstanden zu werden.

Meine Freundin leitet einen Chor. Es sind nicht nur gute Sänger, sondern auch einige, die aus Treue mitmachen und sich einfach am Miteinander freuen. Einige wenige bringen immer wieder Kritik vor, dass anspruchsvollere Lieder einstudiert werden sollten. Die ständigen Forderungen brachten meine Freundin fast dahin, den Chor aufzugeben. Sie zweifelte schließlich daran, ob sie überhaupt fähig sei, den Chor zu führen. Die wenigen Unzufriedenen hatten bewirkt, dass sie sich selbst infrage stellte.

Inzwischen bietet sie den vermeintlich Besseren an, sich einen anderen Chor zu suchen. Sie kennt die Grenzen ihrer weniger guten Sänger und ihre eigenen und stellt sich dazu. Seit sie dies deutlich formuliert hat, ist Ruhe in den Chor eingekehrt.

Wir dürfen uns nicht ständig selbst überfordern und auch nicht überfordern lassen.

Wer sich ständig selbst überfordert und überfordern lässt, kommt sich wie ein Packesel vor – und wirft häufig anderen vor, ihn zum Esel gemacht zu haben. In dieser Situation sind folgende Fragen zu stellen:

- Will ich in dieser Rolle bleiben?

- Fühle ich mich wohl in dieser Rolle?
- Warum gebe ich anderen nicht die Chance anzupacken?
- Will ich selbst stark sein und kann schlecht zugeben, dass ich jemanden brauche?
- Will ich christlich demütig sein und überfordere mich dabei?
- Oder will ich mich überfordern, um bedauert zu werden?
- Bin ich zu stolz, Hilfe anzunehmen?
- Wie komme ich aus dieser Rolle heraus?
- Wann sollte ich wen ansprechen und um Mithilfe bitten?
- Kenne ich meine Stärken in der Kommunikation?
- Wo liegen meine Schwachstellen?

Forderung und Überforderung. Solange Aufgaben mit der vorhandenen Kraft übereinstimmen, spricht man nicht von Überforderung. Das »Über« zeigt das Zuviel an Forderung. Alles, was über die Kraft geht, nimmt von den Reserven. Irgendwann sind auch sie verbraucht.

Angemessene Last zu tragen kann erfüllend und frohmachend sein, weil man jemandem etwas abnehmen kann oder das Bewusstsein hat, etwas zu leisten.

Kurzzeitige Überforderung kann sogar dazu führen, dass man belastbarer wird. Aber es muss die innere Einstellung dazu vorhanden sein. Wer von anderen zum Lastenträger gemacht wird, ohne damit einverstanden zu sein, kommt mit der inneren Missstimmung fast schlechter zurecht als mit der auferlegten Last.

Belastbar kann man werden, wenn man angemessene Lasten freiwillig trägt. Erfahrungsgemäß weiß man: Wer nie etwas trägt, kann kaum etwas ertragen.

Einerseits muss man lernen, nicht immer gleich aufzugeben, sondern auch durchzuhalten, andererseits darf man sich nicht ständig überfordern, sondern muss auch abgeben lernen.

Meine Lebenssituation überdenken – es ist gut, die Meinung der anderen bei meinen Überlegungen mit einzubeziehen. Durchdenken heißt, sich mit vertrauensvollen Menschen aussprechen, die mich und meine Situation kennen.

Wer sich ständig überfordert, bricht zusammen. Last und Träger müssen im richtigen Verhältnis zueinander stehen. Wer wenig Kraft hat, kann wenig tragen. Ich muss meine Grenzen erkennen, zu meinen Grenzen stehen und wenn nötig, Hilfe in Anspruch nehmen.

Wenn es keine Ausweichmöglichkeiten gibt, gilt: »Die auf den Herrn harren, kriegen neue Kraft« (Jesaja 40,31). Ich darf Gott zutrauen, dass er durchhelfen wird, auch bei kleiner Kraft.

- Durch wen oder was fühle ich mich überfordert?
- Wann spüre ich deutlich Grenzen?
- Wen sollte ich um Hilfe bitten?

Angst und Sorgen

Angst ist eigentlich ein Schutzmechanismus. Wir werden vom Sprung abgehalten, weil wir Angst vor der Tiefe haben. Wir gehen vorsichtig mit dem Feuer um, weil wir die Erfahrung damit gemacht haben, dass es schmerzt. Angst warnt uns.

Aber wir entwickeln auch falsche Ängste. Manchmal übertragen wir Ängste oder negative Gefühle auf Menschen, die mit einer Sache gar nichts zu tun haben. Unser Inneres warnt uns aufgrund früherer Negativ-Erlebnisse mit jemandem, der möglicherweise ein ähnliches Verhalten, eine ähnliche Stimme, einen ähnlichen Gang hatte.

Angst und Sorgen sind die Dunkelkammer unserer Seele: Angst macht beim Reden befangen. Sie hindert daran, einem Menschen frei zu begegnen. Angst zu versagen treibt oft in Versagen hinein. Angst blockiert das Denken. Angst ist der heimliche Diktator in vielen zwischenmenschlichen Verhältnissen.

Die Angst vor Unterlegenheit treibt in Fehlreaktionen. Die Stimme verändert sich, der Mund wird trocken. Mancher ist hinterher erstaunt über seine Reaktionen.

Wir geben uns gerne höflich und freundlich. Aber wenn wir falsch eingeschätzt, ungerecht beschuldigt oder ungerecht behandelt werden, fallen wir meist schnell aus dieser Rolle.

Nicht jeder zeigt dabei eine Fehlreaktion. Viele Menschen schweigen einfach. Im Schweigen kann sich Angst äußern, das Falsche zu antworten. Schweigen kann ein Ausdruck von Hilflosigkeit sein. Oder es signalisiert Verweigerung.

Angst und Sorge liegen nah beieinander. Beide zusammen treiben einen Menschen in Traurigkeit und Verzweiflung.

Sorgen sind Nöte, die durch Nachdenken nicht gelöst werden können. Sie nehmen trotzdem unsere Gedanken in Anspruch und verändern uns im Umgang mit dem Nächsten.

Wer sich Sorgen macht, ist meist kein guter Kommunikationspartner. Sein Denken ist von Vergangenheit und Zukunft belegt. Er sorgt sich um den Ausgang vieler Angelegenheiten und überdenkt im Voraus, was alles passieren könnte. Dabei treten viele Befürchtungen wunderbarerweise überhaupt nicht ein.

Nur etwa 8 % aller Sorgen entfallen auf berechtigte Anlässe. Und nur etwa 4 % dessen, was man befürchtet, tritt auch ein. Dabei können Sie, nur dadurch, dass Sie sich sorgen, nicht verhindern, dass etwas Negatives eintrifft.

Sorgen und Ängste hindern uns, Menschen bewusst wahrzunehmen. Wir sind mit uns selbst zu sehr beschäftigt. Begegnungen werden blockiert.

Vielleicht sagt uns Jesus deshalb in der Bergpredigt ausdrücklich: »*Sorget nicht!*« (Matthäus 6,25)

Viele Dinge sind nicht dadurch zu lösen, dass wir uns sorgen. Weil Jesus der Herr ist, dürfen wir sie ihm getrost übergeben. Er hat versprochen, für uns zu sorgen.

- Bei was entwickle ich Ängste?
- Wann fühle ich mich unterlegen?
- Was bereitet mir Sorgen?
- Vor wem habe ich Angst?

Angst verändert uns. Aus Angst spielen wir dem anderen manchmal Stärke vor, die wir gar nicht haben. Je nachdem, wie gut wir spielen können, ordnet uns der andere ein – und hat dann Angst vor uns.

Nach einem Frauenfrühstück lud uns die Pfarrfrau zu einem kleinen Mittagessen ein. Wir packten alles zusammen und gingen zum Pfarrhaus. Ich trat durch die offene Haustür und blieb an der Küchentür stehen. Der Pfarrer und seine Frau befanden sich gerade in einer heftigen Diskussion.

Er hatte gekocht. Seine Frau war unzufrieden darüber, dass er nicht in allem ihren Anweisungen gefolgt war. Statt des erwarteten Lobs hörte er nur Vorwürfe.

Die Angelegenheit war mir peinlich. Deshalb verhielt ich mich ganz ruhig.

Da entdeckte mich der Mann. Während er zuvor seiner Frau heftig geantwortet hatte, legte er jetzt beide Hände bittend zusammen, ging dabei langsam in die Knie und sagte flehentlich: »Äußerlich mag ich ja wie ein

Löwe brüllen, aber glaube mir, innerlich bin ich streichelwinzig.«

Wenn wir uns von jemandem zu Unrecht angegriffen fühlen, rebellieren wir dagegen, je nach Typ mit eisigem Schweigen oder lautstarker Stimme, in jedem Fall meist unangemessen.

Während man sich vor der Ehe noch gerne mit kleinen Tieren betitelt, z. B. Kätzchen, Mäuschen, Häschen, wachsen diese in Streitsituationen zu doppelhöckrigen Wesen und feuerspeienden Exemplaren.

Nach außen hin geben wir uns größer, als wir uns eigentlich fühlen. Um nicht Unterlegenheit zu zeigen, ziehen wir alle Register.

Das wurde mir auch bewusst, als unsere Tochter aus den USA zurückkam. Sie hatte ihre beiden Hunde mitgebracht.

Mit einem Hund an der Leine ging ich in unser Haus hinein. Voller Entsetzen entdeckte ich im Gang ein Tier, das ich zunächst für einen Fuchs hielt. Das Fell gesträubt, schreckliche Töne ausstoßend saß es da und starrte den Hund mit bösen Augen an. Ich war so irritiert, dass ich einen Moment brauchte, um festzustellen, dass es unsere Hauskatze war. Sie war nie zuvor in unserem Haus mit einem Hund, dazu einem solch großen, konfrontiert gewesen. Aus Angst zeigte sie in ihrer äußeren Erscheinung eine Größe, wie ich sie nie zuvor gesehen hatte, und schrie mit einer beängstigenden Stimme, die ich nie zuvor gehört hatte.

Wir müssen im Umgang miteinander die Angst verlieren. Man kann fast sagen: Je lauter einer schreit, umso kleiner und unsicherer fühlt er sich.

Angst führt zu Fehleinschätzungen. Angst vor Fehlern macht uns unsicher und treibt in Anspannung.

Auf Einladung der Volkshochschule hatte ich einen Abend in einer Schule gehalten. Die Gäste waren hoch interessiert, während ich über Kommunikation sprach. In meinem direkten Blickfeld saß eine jüngere Frau, die mich während des Vortrages unentwegt anschaute. Ihr Blick wirkte auf mich abweisend, hinterfragend. Ich hatte den Eindruck, sie würde jeden Moment aufstehen, um empört aus dem Saal zu gehen – oder wenigstens um sich zu melden und meinen Vortrag niederzumachen. War mein Vortrag zu wenig wissenschaftlich? Hatte sie persönliche Probleme mit meinem Stil? War ich ihr zu direkt, zu wenig sachlich?

Als ich die Möglichkeit gab, Fragen zu stellen, kam von dieser Frau kein Wort. Aber nachdem alle gegangen waren, kam sie auf mich zu: »Sie haben diesen ganzen Abend Begebenheiten aus meinem eigenen Leben erzählt. Sie kennen mich doch gar nicht! Mein größtes Problem ist meine Zunge. Mit ihr habe ich schon mehr Schuld auf mich geladen als mancher, der im Gefängnis sitzt. – Ich musste Sie immerzu anschauen. Bitte helfen Sie mir.« Während die Frau redete, fiel es mir wie Schuppen von den Augen. Ich hatte den Blick dieser Frau fehlinterpretiert. Sie hatte nachdenklich, erschüttert auf mich geblickt, während ich mich kritisiert und hinterfragt fühlte. Wieder einmal hatte ich mich beeindrucken lassen von einer Wahrnehmung, die trog.

Wie oft im Leben lassen wir uns durch solche Dinge verunsichern!

Angst programmiert Fehler. Die Leiterin eines Chores erzählte mir, wie sehr sie diese Aufgabe erfüllte. Auch die jeweiligen Aufführungen seien eher Spaß als Aufregung für sie. Doch bei einem ihrer Kirchenkonzerte war sie sehr verunsichert. Sie meinte, im Publikum einen Mann zu erkennen, der für die Zeitung schrieb und immer beißende Kritik anbrachte, und der zudem musikalisch besonders versiert war. Nie zuvor und nie nachher unterliefen ihr so viele Fehler wie in diesem Konzert. Sie verpasste Einsätze, gab falsche Töne an, irritierte den Chor durch ihre Aufregung. Statt locker wie sonst zu sein, schaute sie streng und unzufrieden, was bewirkte, dass auch der Chor nicht sein Bestes geben konnte. Das ganze Konzert war eine Katastrophe. Ihr wurde erst hinterher bewusst, wie sehr sie sich von Angst hatte leiten lassen, anstatt zu geben, was sie zu geben hatte.

Wie sich später im Gespräch herausstellte, war dieser Mann überhaupt nicht der gewesen, für den sie ihn gehalten hatte. Es war nur ein treuer Kirchenbesucher, der von Musik keine Ahnung hatte.

Angst vor Fehlern treibt uns in eine Anspannung, die uns

geradezu für Fehler vorprogrammiert. Mut zur Unvollkommenheit nimmt Spannung und lässt uns lockerer damit umgehen.

Angst hindert daran, gute Erfahrungen zu machen. Es gibt verschlüsselte Botschaften, die wir nicht immer richtig deuten.

Aus Angst treffen wir keine oder auch falsche Entscheidungen. Sie hindern uns daran, manches Schöne zu erfahren.

Ich war siebzehn, als ich im Haus von Walter und Ingrid Trobisch ein praktisches Jahr absolvierte, das mir in vieler Beziehung Gewinn brachte. Zweimal pro Woche aß ein Theologiestudent mit uns, der Walter Trobisch bei Übersetzungsarbeiten half. Aber er half nicht nur ihm, sondern er beteiligte sich auch jedes Mal beim Abwasch in der Küche. Ich schätzte die Unterhaltung mit diesem jungen Mann, bewunderte seine Kenntnisse – und verliebte mich in ihn. Doch diese Gefühle wollte ich ihm nicht zeigen.

Ich war geprägt von der Aussage eines Jungen: »Niemals würde ich ein Mädchen als Freundin haben wollen, das mir nachläuft.« Das bewahrte mich sicher vor manchen Fehlern. In diesem Fall aber war meine Vorsicht eher hinderlich für mein persönliches Glück.

Ich ging weiter freundlich mit Hans-Joachim um, aber von ihm kam lange Zeit keine Reaktion. Wie ich später von ihm erfuhr, hatte auch er sich in mich verliebt, aber das Gefühl gehabt, ich würde nichts für ihn empfinden. Diese Geschichte nahm trotzdem ein Happy End. Seit über fünfzig Jahren bin ich mit dem jungen Mann von damals verheiratet.

Unsere innere Abweisung vermittelt im Gespräch und durch die Körpersprache manchmal eine falsche Botschaft. Das Gegenüber reagiert entsprechend. Danach beginnt eine Zeit der Verwirrung, bis sich der Knoten zum Glück oft auch auflöst.

Die Angst verlieren. Bei einem unserer Seminare erzählte ein Mann von seinem Chef, der ihm das Leben zur Hölle machte. Es ging so weit, dass er in der Gegenwart des Chefs heftiges Herzklopfen, Schwindelgefühle und Angstzustände bekam. Die Aggressionen gegen diesen Mann wuchsen in ihm so stark, dass es ihn bis in die Träume hinein verfolgte – im Traum legte er ihm eine Bombe unter den Schreibtisch, lauerte ihm auf und fügte ihm Schaden zu.

Er war darüber sehr erschüttert. Danach zeigte Gott ihm ein Bild: Er sah sich mit diesem schwierigen Chef unter dem Kreuz Jesu. Der Stamm des Kreuzes stand zwischen ihnen.

Dieses Bild nahm ihm die Angst. Er wusste jetzt: »Wir stehen beide unter dem Kreuz. Jesus steht zwischen uns. Dieser Mann kann mir nicht mehr schaden. Ich bin geschützt durch das Kreuz. Und dieser Mann braucht auch das Kreuz. Selbst wenn er es nicht weiß. Deshalb will ich ihn immer neu zu diesem Kreuz bringen, an dem Jesus Frieden geschaffen hat.«

Jedes Mal, wenn die Angst wieder hochkommen will, sieht er nun das Kreuz vor sich und kann ruhig werden. Das Kreuz steht zwischen seinem Chef und ihm. Er kann ihm nicht schaden. Denn Jesus hat die Kontrolle.

Der Umgang mit unseren Gefühlen

Wir müssen lernen, unsere Gefühle klar auszudrücken. Wer dem andern Gefühle vorenthält, hindert ihn daran, etwas verändern zu können.

Fünfzehn Jahre lang hielt Ursula es aus, dass ihr Mann fremdging. Sie war jedes Mal verzweifelt, wenn sie es merkte. Und ihr Mann wusste sehr wohl, dass sie es mitbekam. Aber als Christin wollte sie vergebungsbereit sein. Sie wollte ihrem Mann signalisieren, dass sie ihm verzieh, dass sie mit Gottes Hilfe weitermachen würde. So vermied sie Szenen, fügte sich, war liebevoll, wollte ihn immer neu gewinnen.

Aber nach all den Jahren war ihre Kraft verbraucht. Sie wollte nicht mehr. Sie war am Ende. Jetzt wollte sie ihn verlassen.

Er war darüber total verzweifelt. Ohne sie meinte er nicht mehr leben zu können. Es war mir unmöglich, der Frau klarzumachen, dass es geradezu jetzt zu einer Umkehr im Leben ihres Mannes kommen könnte. Endlich begriff er, was er ihr angetan hatte. Zuvor hatte er die irrige Vorstellung gehabt, dass ihr das alles nicht so viel ausmache – für ihn war es eine schöne Abwechslung gewesen. Warum hätte er sein Verhalten ändern sollen?

Aber jetzt wollte die Frau nicht mehr. Sie hatte einen Mann kennengelernt, den sie schätzte. Es gab für sie kein Zurück mehr.

Verzeihen ist ein wunderbares Mittel für einen Neuanfang. Aber es darf keine offene Tür zu weiteren Verletzungen sein. Die Botschaft der Frau war von dem Mann missverstanden worden. Er hatte den Eindruck gehabt, dass sein Handeln gebilligt wurde.

Verletzungen müssen in Worte gefasst werden. Wenn mir jemand auf den Fuß tritt, werde ich mit einem Schmerzenslaut darauf reagieren. Ähnlich muss ich lernen, auch einen Laut von mir zu geben, wenn jemand meine Gefühle verletzt. Auch wenn es der andere nicht vorsätzlich wollte, muss er mitgeteilt bekommen, was ich empfinde.

Wenn jemand zu lange schweigt und eine Situation erträgt, kann das beim anderen zu Missverständnissen führen – und bei ihm selbst zum Überforderungssyndrom!

Nach der Geburt war bei einer Frau eine schwere, unheilbare Krankheit ausgebrochen. Die Angst vor einer weiteren Schwangerschaft hinderte sie daran, sich ihrem Mann wieder sexuell zu öffnen.

Da der Mann seine Frau sehr liebte, ging er auf sie ein, hielt sich zurück, verstand sie. Aber er überforderte sich dabei, indem er seine Frau zu wenig wissen ließ, wie sehr er die körperliche Gemeinschaft vermisste.

Jahre vergingen. Der Mann lernte eine neue Frau kennen. Wie sehr die eigene Frau ihn auch zum Bleiben bewegen wollte, er war nicht mehr zu halten. Mit der neuen Frau baute er sich ein neues Leben auf und verdrängte seine ehemalige Frau völlig aus seinem Leben.

Wer nur schluckt, wird irgendwann platzen. Wer immer nachträgt, überfordert seinen Rücken. Wer zu schnell vergibt, ohne darüber zu sprechen, was ihn verletzt hat, fordert den anderen zum Weitermachen auf.

- Welche Einstellung will ich verändern?
- Was kann ich zur Veränderung beitragen?
- Wo will ich in Zukunft Dinge konkret ansprechen?
- Wie will ich reagieren und warum will ich so reagieren?

Ich muss zu dem stehen, was ich als richtig empfinde! Wir reden und handeln zu oft, wie es von uns erwartet wird.

Eine liebe Frau schrieb mir: »Mein Mann und ich hätten sehr gerne noch ein viertes Kind. Aber wir trauen uns nicht, weil wir Angst davor haben, wie die Verwandtschaft und die Nachbarschaft reagieren werden.«

Christen sind leider nicht immer sensibel für die Wünsche ihrer Brüder und Schwestern. Sie sind oft schnell dabei, Ratschläge zu geben. Aber Rat-Schläge können auch Schläge sein. Sie klingen manchmal sogar

Anteil nehmend: »Soll ich mal mit deinem Mann über Verhütung sprechen?« – Dies bot mir ein Bekannter liebevoll an, nachdem unser viertes Kind geboren war. Leider fehlt Christen oft der Takt.

Manche Christen können so wahrhaftig sein, dass man Kopfschmerzen davon bekommt. Sie sind gelegentlich so herzlos offen, dass einem die Sprache wegbleibt, und sie geben sich so klug, dass man sich verziehen möchte. Christsein sollte weder zu plumper Vertraulichkeit führen noch zu offener Herzlosigkeit beim Aufdecken von Fehlern. *Christsein enthebt uns nicht der Höflichkeit und des Takts!*

Ab unserem fünften Kind wurden die Bemerkungen anderer Menschen wesentlich positiver. Das hing entweder damit zusammen, dass die Menschen begriffen, dass das so gewollt war, oder auch damit, dass wir selbst mutiger wurden, gegen die Meinung der anderen Stellung zu beziehen. Je mehr wir innerlich von etwas überzeugt sind, umso mehr wird unser Gesprächspartner unsere Überzeugung stehen lassen, auch wenn er nicht derselben Meinung ist.

Wir sollten zu dem stehen, was wir als richtig erkannt haben. Dann werden sich auch die Reaktionen der anderen verändern.

Es gibt allerdings rechthaberische Menschen, die nur ihre

eigene Meinung gelten lassen. Auf solche Diskussionen sollte man sich nicht einlassen, weil sie zu nichts führen.

Wir müssen lernen, unsere Gefühle bewusst wahrzunehmen. Geben Sie Ihren Gefühlen Namen und entscheiden Sie dann, ob Sie diese ernähren oder hinauswerfen wollen. Ändert sich etwas, wenn Sie sich damit beschäftigen? Oder schlägt es nur auf Ihr Gemüt?

- Was genau macht mich traurig?
- Weshalb fühle ich mich verletzt?
- Worauf bin ich wütend?
- Bin ich in meinem Selbstwert gedrückt?
- Ist es Scham, verletzter Stolz, eigene Unzulänglichkeit, die mir bewusst werden?
- Oder Angst, Unverschämtheit, Nichtbeachtetsein, der Eindruck, zu kurz gekommen zu sein, Überforderung?

Alle unverarbeiteten Gefühle werden irgendwann wieder auftauchen. Sie wirken dann eher negativ verstärkend auf das jeweilige Gespräch und lassen uns unangebracht reagieren. Unser Gesprächspartner hat das Empfinden, dass wir aus einer Mücke einen Elefanten machen.

Konfliktverstärkung geschieht in der Regel bei häufigem Übergehen der eigenen Gefühle.
- Durch mangelnde Selbstwahrnehmung: Man will sich selbst nicht so wichtig nehmen. »So schlimm war es eigentlich nicht …«

- Durch fehlenden Selbstwert: Man meint, dies verzeihen zu müssen, weil man ja selbst auch viele Fehler hat.
- Aber auch bei zu hoher Empfindlichkeit: Die Empfindlichkeit sagt: »Ich habe ein Recht darauf, wahrgenommen zu werden, und reagiere beleidigt, wenn der andere nicht auf mich eingeht. Diese Sache muss geklärt werden, vorher gebe ich keine Ruhe.« Das führt zu Aussagen wie: »Du hättest es auch anders ausdrücken können!«, »Wenn du mir dies nicht in einem anderen Ton sagst, werde ich nicht reagieren.« Hier schwingt die Unterstellung mit: »Du wolltest mich vorsätzlich verletzen!«

Leider neigen gerade Christen dazu, sich in ihrem Christsein zu überfordern und ständig mit Schuldgefühlen herumzulaufen. Diese Schuldgefühle hindern daran, froh zu werden, und bewirken in der Kommunikation eine eigenartige Mischung aus Forderung und Empfindlichkeit.

Häufig beeinflussen uns beim Hören unverarbeitete Erfahrungen aus der Vergangenheit.
- »Ich fühle mich nicht ernst genommen.« Wer nahm Sie in Ihrer Kindheit nicht ernst?
- »Ich fühle mich kontrolliert.« – Wer kontrollierte Sie früher und welche Gefühle verbinden Sie damit?
- »Ich fühle mich nicht angenommen.« – Wer lehnte Sie als Kind oder Teenager ab? Mit wem kamen Sie nicht aus?
- War Ihr Vater eher dominant und duldete keinen Widerspruch?

- Was fühlen Sie heute im Gespräch mit Menschen, die ähnlich sind wie er?

Teilnehmende Fragen und Aussagen können aus Isolation, Aggression und Schweigen heraushelfen und zur Klärung von Gefühlen beitragen:
- Wie hast du dich dabei gefühlt?
- Was ging in dir vor?
- Sicher warst du sehr bedrückt.
- Das hat bestimmt wehgetan.
- Bist du jetzt traurig?
- Habe ich dich verärgert?
- Irgendwie scheine ich nicht den richtigen Ton gefunden zu haben.
- Das war sicher zu hart ausgedrückt.
- Du hast dir etwas anderes vorgestellt?

Vorwürfe und Beschuldigungen lösen dagegen Abwehr und Verteidigung oder auch Rückzug und Schweigen aus:
- »Sei doch nicht gleich beleidigt!«
- »Jetzt bist du schon wieder eingeschnappt!«
- »Was hast du denn jetzt?«
- »Heul doch nicht!«

Wir müssen in Beruf und Familie ausdrücken, wenn es uns nicht gut geht. Der Chef kommt dem Angestellten ziemlich gereizt vor. Wenn nur eine Kleinigkeit nicht so gelaufen ist, wie er es will, explodiert er. Der Angestellte ist völlig verunsichert und hat Angst, einen weiteren Fehler zu machen. Dabei liegt das Problem eigentlich gar nicht bei ihm. Der Chef hat Rückenschmerzen, will aber niemanden damit belästigen und spricht deshalb nicht darüber.

Seine Zurückhaltung ist aber weit schädlicher. Er mutet anderen seine schlechte Laune zu. Seine Angestellten beziehen, je nach Selbstwert, sein Verhalten auf ihre eigene Unfähigkeit, korrekt zu arbeiten. Oder sie sind wütend auf ihn, weil er unangebracht mit ihnen umgeht.

Die Mutter hat Kopfschmerzen. Auf eine Frage des Kindes reagiert sie unwirsch. Das Kind zieht sich zurück. Hat es sie verärgert?

Viel einfacher ist es, mitzuteilen, dass man Schmerzen hat. Wenn das Kind das weiß, begreift es, dass es nicht schuld ist, wenn die Mutter empfindlicher reagiert als sonst.

Die Kinder lärmen im Haus. Der Vater führt ein wichtiges Gespräch. Er ist ziemlich gestört durch den Krach und weist sie unfreundlich zurecht. Ob der Vater sie ablehnt?

Die Kinder sollten informiert sein, wann der Vater Ruhe braucht. So haben sie die Möglichkeit, Rücksicht zu nehmen. Wenn sie dann trotzdem lärmen, müssen sie mit Zurechtweisung rechnen.

Wir müssen die eigenen Gefühle ohne Vorwurf an den anderen mitteilen. Dieselbe Aussage kann unterschiedlich verpackt werden:

- *Vorwurf:* »Nun rackere ich mich Tag für Tag für dich ab, und es ist dir immer noch nicht genug.«
- *Gute Mitteilung:* »Ich habe das Gefühl, nicht genug geleistet zu haben.«
- *Vorwurf:* »Es ist allerhand, dass ausgerechnet du mich dafür verantwortlich machst, wo doch gerade ich immer da bin, wenn man mich braucht.«
- *Gute Mitteilung:* »Ich versuche mein Bestes. Aber vielleicht sollte ich manches abgeben.«
- *Vorwurf:* »Das ist ein starkes Stück, dass ich das auch noch leisten soll!«
- *Gute Mitteilung:* »Ich fühle mich damit überfordert.«
- *Vorwurf:* »Das ist Schwachsinn, so etwas zu planen.«
- *Gute Mitteilung:* »Diese Lösung befriedigt mich nicht. Ich habe kein gutes Gefühl bei dieser Sache.«

Der Willige muss in der Regel immer mehr leisten als jemand, der sich schneller abgrenzt, und zwar in allen Bereichen: in der Erziehung, in der Partnerschaft, in der Freundschaft, im Beruf, in der Gemeinde. Wer gerne hilft, wird häufig um Mithilfe gebeten. Wenn er dann einmal »Nein« sagt, macht man ihm Schuldgefühle. Wer meistens mit »Nein« antwortet, wenn man ihn um Hilfe bittet, wird selten gefragt. So bekommt derjenige, der nur ab und zu Einsatz zeigt, mehr Lob für das Wenige, das er leistet, als der, der sich oft für andere einsetzt.

Unverarbeitete Gefühle führen häufig zu körperlichen Beschwerden:

- »Es liegt mir schwer im Magen.«
- »Das macht mich krank – verrückt – schwach.«
- »Das bereitet mir Kopfschmerzen.«
- »Das schlägt mir auf die Nieren.«
- »Ich fühle mich gekränkt.«

Umso wichtiger ist es, sich mit den eigenen Gefühlen auseinanderzusetzen, damit sie nicht krank machen.

Verändern können wir letztlich nur uns selbst. Wer keinen Mut hat, Dinge anzusprechen, die für ihn nicht in Ordnung sind, gibt dem anderen keine Chance, sie zu ändern. Und er selbst wird immer neu daran zu »kauen« haben.

Haben Sie deshalb Mut auszusprechen, wenn Sie sich gekränkt, zu Unrecht kritisiert, schlecht behandelt, übergangen fühlen.

Es ist viel effektiver, mit dem Menschen, von dem wir uns verletzt fühlen, ein Gespräch der Klärung zu suchen, als anderen davon zu erzählen, was uns an ihm gestört oder geärgert hat. Sonst kann es zu einer ungäten Verknüpfung kommen, die zuletzt vielleicht sogar peinlich ist.

Verallgemeinerungen wirken auf den Zuhörenden verunsichernd. Er weiß nie so recht, ob er zu der angesprochenen Personengruppe gehört oder ob der Redende auch ihn damit einbezieht. Das gilt für Familie, Beruf und Gemeinde.

Ich kam einmal von einer langen Fahrt nach Hause. »Wie war die Reise?«, fragte mein Mann. »Es war schrecklich«, antwortete ich. »Die Kinder haben die ganze Zeit gestritten.«

Heftig wehrte sich die Zwölfjährige: »Ich habe die ganze Zeit gelesen und auf der Fahrt keinen Piep von mir gegeben.«

Rachegedanken. Wer sich immer auf die Seite des Verlierers oder auch des Dulders stellt, wird sich irgendwann rächen – oder in eine Depression fallen. Niemand hat davon Gewinn, auch Sie selbst nicht!

Ich muss eine Entscheidung treffen, wie ich handeln will. – Eine Frau sagte mir, was ihr gerade Ärger bereitete: Sie hatte ihrem Mann erzählt, welchen Rat sie jemandem gegeben hatte. Daraufhin antwortete ihr Mann: »Dieser Rat war falsch.«

»Unterstrichen durch die Art, wie er es sagte, hatte ich den Eindruck, ich sei dumm, dass ich so etwas raten könne. Da ich ihn kenne, weiß ich, dass er es nicht so meint«, erklärte sie. »Trotzdem fühlte ich mich durch seine Aussage getroffen. Wenn ich ihm dies nun aber mitteile, wird er wieder sauer reagieren. Ich kann mir richtig vorstellen, dass er mich dann empfindlich findet. Oder er beschließt, mir nicht mehr zu sagen, wann er meinen Rat als falsch empfindet. Es macht mir weit weniger aus, dass er meinen Rat als falsch empfindet, als die Art, wie er es sagte.«

»Welche Formulierung hätte Ihnen denn geholfen?«, hakte ich nach.

Sie überlegte einen Augenblick. »Wenn er z. B. gesagt hätte: ›Ich hätte einen anderen Rat gegeben.‹ Oder: ›Ich finde das zu wenig effektiv, was du geraten hast. Wahrscheinlich bewirkt es nichts.‹ Oder auch: ›Es wäre wahrscheinlich besser gewesen, so oder so zu reagieren.‹ Hätte ich sein Argument gekannt, wäre eine Diskussion möglich gewesen. Da er aber ohne Erklärung meinen Rat als ›falsch‹ abstempelte, behauptete er, die bessere Antwort zu kennen, ohne dass ich dies nachprüfen konnte. Ich fühlte mich durch solche generellen Aussagen in die Ecke gedrückt, als unwissend abgestempelt. In mir wächst Ablehnung gegen meinen Mann. Ich werde ihm das nächste Mal nichts mehr mitteilen. Ich bin plötzlich wieder in der Rolle des Kindes, dem der Vater sagt: ›Aber wie konntest du nur, das ist doch unmöglich.‹ Ich fühle mich so hilflos und dabei so ärgerlich. Wenn ich nicht mit ihm darüber rede, entwickle ich eine negative Grundstimmung gegen meinen Mann und werde eine Zeit lang empfindlich auf ihn reagieren. Das weiß ich. Werde ich aber versuchen, die Sache mit ihm zu klären, wird alles noch komplizierter werden.«

Für solche Schwierigkeiten gibt es zwei Wege. Falls eine Klärung nicht möglich ist, kann derjenige, der betroffen ist, eine Entscheidung treffen: »*Ich will dem anderen diese Sache nicht nachtragen. Ich vergebe ihm, auch wenn er nichts davon weiß.*«

Das ist eine gute Entscheidung, aber sie muss auf Effektivität hin geprüft werden. Wenn die negativen

Gefühle bleiben, ist es besser, die Sache nochmals anzusprechen.

Das könnte so aussehen: »Ich möchte mit dir nochmals über die Angelegenheit von neulich sprechen. Das hat mich beschäftigt. Du sagtest damals, mein Rat sei falsch gewesen. Ich hab mich noch gar nicht danach erkundigt, wieso du ihn als falsch empfandest. Du hattest sicher Gründe dafür. Erkläre mir doch, warum du das anders siehst. Das interessiert mich.« Es könnte auch noch angefügt werden: »Vielleicht kann ich dir dann auch mitteilen, warum ich damals den Rat gegeben habe.«

Wenn jemand behauptet, recht zu haben, ich aber unrecht – wie kann ich darauf reagieren?
- Zunächst muss ich mir über meine eigenen Gefühle Klarheit verschaffen: Was genau hat mich verletzt? Warum hat mir das wehgetan?
- Dann frage ich nach, was ich nicht oder vielleicht auch falsch verstanden habe: »Kannst du mir bitte nochmals genau erklären, wie du das meinst?«
- Nun kommt der Moment, wo ich ausdrücken kann, wie etwas auf mich wirkt und was mir helfen würde: »Ich fühle mich von dieser Aussage unter Druck gesetzt.« – »Es hilft mir mehr, wenn du sagst, warum du so darüber denkst, als wenn du mir nur mitteilst, dass du es als falsch empfindest.«

Manchmal ist es auch notwendig, mit einem vertrauten Menschen ein Vorgespräch zu haben, um Klarheit darüber zu bekommen, ob man nicht überempfindlich reagiert. Eine solche Unterhaltung relativiert manches, was man als schlimm empfand, und bringt es in die richtige Richtung.

Von der eigenen Seelenpflege

Ausgeglichenheit hängt mit *ausgleichen* zusammen. In der Hektik wird Stille angeboten, der Lastenträger darf seine Last kurze Zeit ablegen, die Waagschale Arbeit bekommt als Gegenstück die Waagschale Ausruhen. Ausgeglichenheit kommt allerdings selten von allein. Wir müssen selbst herausfinden, wo wir uns diesen Ausgleich schaffen müssen, um im Frieden mit uns und anderen leben zu können.

Unsere Seele braucht Zeit zum Spazierengehen. Wer sich keine Zeit nimmt, um Dinge des Lebens zu reflektieren, kann schwermütig oder aggressiv werden. Unverarbeitete Erlebnisse und Gespräche sind wie lagernder Explosionsstoff. Verdrängung und fehlende Wahrnehmung treiben in Konflikte hinein, die schwer auflösbar sind.

Spazierengehen der Seele gelingt am besten bei einem Spaziergang. Wer sich bewusst macht, dass Gott diese Schöpfung lenkt, wie auch die Bahnen der vielen Sterne, dem wird klar, dass sein eigener Ärger, seine Angst und seine Aggressionen eigentlich nicht wert sind, gepflegt zu werden.

Solange wir auf der Erde leben, werden wir Menschen mit Grenzen sein, Menschen mit einem Körper, der krank wird, der sterben kann. Menschen, die für alles Mögliche anfällig sind, auch für psychische Leiden.

Gottes Absicht ist es nicht, dass wir uns um des anderen willen überfordern und selbst zerstören.
Ich muss wissen, was meine Aufgabe ist. Vielleicht wissen Sie sehr gut, was andere von Ihnen wollen. Es ist gut, diese Erwartungen zu kennen. Aber Sie dürfen sich dabei nicht überfordern.

Wir müssen uns Zeit nehmen zum Überdenken und Durchdenken unserer Lebenssituation, indem wir sie vor Gott ausbreiten und möglicherweise auch mit einem Menschen durchsprechen, der uns gut kennt.

Wir brauchen ein bestimmtes Maß an Arbeit und ein bestimmtes Maß an Ruhe.
Obwohl Jesus weiß, dass die Zeit kurz ist, in der er auf der Erde wirkt, sagt er zu seinen Jüngern: »Ruhet ein wenig!« (Markus 6,31) Er selbst geht auf einen Berg, um zu beten und zieht sich immer wieder zurück. Auch uns verordnet Gott Ruhe. Es ist unsere Pflicht, uns Ruhe zu gönnen, damit wir so leben können, wie er will.

Wir brauchen ein bestimmtes Maß an Schlaf, an ausgewogener Ernährung und die Möglichkeit zur Entspannung, um in guter Weise reagieren zu können.

Wir müssen wählerisch bei dem sein, was wir an Eindrücken sammeln wollen. Überlegen Sie, welchen Film Sie sich ansehen wollen, bevor Sie den Knopf am Fernseher drücken. Schalten Sie aus, wenn er nicht Ihren Vorstellungen entspricht. Fernsehen bringt selten Entspannung, sondern schafft eher neue Spannung.
Das Auge ist ein Teil des Gehirns und speichert Eindrücke für den Rest Ihres Lebens. Seien Sie wählerisch, was Sie in diesen Speicher geben!

Musik ist ein Hilfsmittel gegen Ärger. Schon König Saul ließ sich auf der Harfe vorspielen, wenn er sich nicht wohlfühlte.

Legen Sie sich immer Ihre Lieblings-CD zurecht, für Tage, an denen Sie unter Spannung stehen.

Durch gute Literatur wird die Seele aufgebaut. Womit wir uns beschäftigen, das wird uns beschäftigen. Je mehr Sie Gutes in sich hineinlassen, desto mehr wird dies auch Ihr Denken bestimmen.

Die Bibel ist das herrlichste Mutmachbuch für Verzweifelte, Schuldiggewordene und Verzagte. »Fürchte dich nicht« und »Sei getrost« sind der Grundtenor dieses Buches. Wer seine Schuld bei Jesus lässt, ist frei für den Neuanfang.
Nur was ich habe, kann ich auch geben!

6. Selig sind die Sanftmütigen

»Selig sind die Sanftmütigen, denn sie werden das Erdreich besitzen.« (Aus der Bergpredigt, Matthäus 5,5)

Die Seligpreisungen sprechen Menschen in ihrer zwischenmenschlichen Beziehung an. Es braucht also immer zwei, um festzustellen, welche Eigenschaften man selbst hat – oder auch nicht hat.

Einer hält sich vielleicht für sehr sanftmütig, merkt aber dann im Umgang mit einem bestimmten Menschen, dass er gar nicht sanftmütig bleiben kann.

Sanftmut ist erlernbar

Je näher uns jemand steht, umso besser wissen wir, ob wir sanftmütig sein können. Und befragt man die Menschen, die eng mit uns zusammenleben, in welchem Fall wir wenig sanftmütig reagieren, kennen sie sich meist sehr genau aus. Bei anderen wissen wir manchmal besser als sie selbst, wann sie »ausrasten«.

Mein Reifeprozess in Sachen Sanftmut begann, als unsere Kinder in die Pubertät kamen. Das ist eine große Möglichkeit, Sanftmut zu lernen. Neulich sagte ich stöhnend zu meinem Mann: »Du, ich halte das nicht mehr aus, den Streit der Kinder, die Diskussionen mit ihnen, ihre schlechte Laune.« Er antwortete schmunzelnd: »Du hast noch mindestens fünf Möglichkeiten vor dir, Sanftmut zu üben.«

Er meinte damit die fünf Kinder, die noch bei uns wohnen und von denen gerade drei in der Pubertät sind. Nicht jeder Mensch bekommt so viele Chancen wie ich. Aber Gott wusste wohl, dass ich es besonders nötig habe.

Jede schwere Lebensaufgabe ist letztlich eine Chance.

Klaus-Peter, ein lieber Freund von uns, ist Missionar unter den Fayus, einem erst kürzlich entdeckten Volksstamm in Neu-Guinea. In einem unserer Gespräche ließ er uns wissen: »Ich glaube, Gott hat mich nicht in erster Linie auf das Missionsfeld geschickt, weil die *mich* so nötig gehabt hätten. Gott dachte wohl vielmehr, dass ich *sie* nötig hatte!« Bis zum Zeitpunkt seiner Arbeit dort, so berichtete er, hatte er gemeint, ein sanftmütiger Mensch zu sein.

Zu Beginn kletterten diese Menschen, sobald er sich aus dem Haus begab, durchs Fenster und stahlen alles, was sie fanden, auch Dinge, die sie absolut nicht verwenden konnten. Ein Stammesmann aber hielt heimlich Wache und flüsterte dem Missionar beim Heimkommen immer ins Ohr, wer was geklaut hatte und wo es versteckt worden war.

Bei Klaus-Peter, dem Missionar, kribbelte es gewaltig, gar nicht sanftmütig zu reagieren. Diese Menschen sind von kleinem Wuchs. »Am liebsten hätte ich sie übers Knie gelegt und heftig versohlt«, berichtete er. »Ich staunte nicht schlecht über mich. Zuvor war ich fest davon überzeugt gewesen, dass ich ein sanftmütiger

Mensch sei. Dann fragte ich in meinem Herzen: ›Herr was soll ich tun?‹ Ich schlug die Bibel auf und sah die Bergpredigt vor mir: ›Wer zwei Mäntel hat, der gebe dem, der keinen hat.‹ – ›Herr, das war die falsche Stelle, ich hab schon immer gewusst, dass das nicht die richtige Methode ist, dich so um eine Antwort zu bitten‹, bekannte ich Gott.

Meine Frau kam durch die Tür. Ich berichtete ihr, was ich gerade erlebt hatte: ›Genau das ist dran! Wenn der nächste kommt, der dich am meisten beklaut, dann schenke ihm etwas!‹, stimmte sie zu. ›Was, du gibst mir auch noch den Rat?‹ Ich war entsetzt. Aber ich wollte es ausprobieren.

Der Mann, der das meiste gestohlen hatte, kam kurze Zeit später vorbei. Ich schenkte ihm ein besonders schönes Messer. Das war die Wandlung in seinem Leben. Er hörte auf zu stehlen.«

Wir werden sicher nicht immer solche Veränderungen so prompt erleben – falls wir zu ähnlichem Handeln fähig sind. Oft aber haben wir es überhaupt noch nicht ausprobiert. Da sind zu viele Ängste, am Schluss noch einmal betrogen zu werden. Und die Verheißung, dass den Sanftmütigen schließlich die Erde gehören wird, das hört sich in unseren Augen eigenartig an.

Sind es nicht die Lauten, die Unverschämten, die Rücksichtslosen, die sich nach vorne schaffen und das Sagen haben? Die besitzen doch die Erde! Sind die Sanftmütigen nicht die Dummen, die zurückstecken, zu kurz kommen, übergangen werden, Randfiguren der Gesellschaft? Was ist an ihnen glücklich zu preisen?

Sanftmut volkstümlich und geistlich

Heutzutage wird der Sanftmütige belächelt. Häufig wird er dargestellt als der Dumme, der Profillose, den man leicht übervorteilen kann. Wir verstehen unter einem Sanftmütigen manchmal den, der zu schwach ist, Nein zu sagen. Vielleicht verbinden wir mit Sanftmut auch den Ängstlichen, der nur Ja sagt, um akzeptiert zu sein.

Im Geistlichen sind die Sanftmütigen die Stärksten, die es auf der ganzen Welt gibt. Denn sie haben sich selbst bezwungen.

Jesus sagt in Matthäus 11,28.29: »Kommt her zu mir alle, die ihr mühselig und beladen seid, ich will euch erquicken! Nehmt auf euch mein Joch und lernt von mir; denn ich bin sanftmütig und von Herzen demütig.«

Wahrscheinlich liegt da unser erstes Problem: Wir erwarten diese Erquickung von Menschen und werden dabei oft enttäuscht. Das geht Ledigen und Verheirateten, Chefs und Angestellten, Kindern und Eltern so.

Die beste Möglichkeit, Sanftmut zu lernen, ist der Umgang mit Menschen, die nicht sanftmütig sind! Hier gibt es die Möglichkeit, wirklich heilig zu werden. Eine Mitarbeiterin sagte einmal im Scherz zu mir: »Zur Zeit empfinde ich mich selbst als echt schwierig. Mein Mann hat viele Chancen, heilig zu werden.«

Sanftmut ist die höchste Form der Persönlichkeitsreife.

Dass wir mit manchen Menschen sanftmütig sein können und mit anderen nicht, hängt nicht zuerst mit ihnen, sondern mit uns selbst zusammen. Erlebnisse aus der Vergangenheit haben uns geformt, uns vorsichtig gemacht. Wir reagieren oft gar nicht auf den Menschen, der vor uns steht, sondern auf Erfahrungen, die wir in ähnlichen Situationen gesammelt haben.

Was uns hindert, sanftmütig zu sein

Die Ehefrau reagiert sauer auf ihren Mann. Sie entdeckt in ihm Parallelen zu anderen Männern, die sich ihr gegenüber in einer bestimmten Situation falsch verhalten haben.

- Angst davor, beherrscht zu werden. Im lauten Wort des Mannes entdeckt sie den ehemals strengen Vater, der unbedingten Gehorsam forderte.
- Sie hat Angst davor, ausgenutzt zu werden.
- Oder sie hört einen Freund heraus, der Liebe versprach, aber dabei etwas anderes erreichen wollte.
- Sie hat Angst davor, nachzugeben. Die Erfahrung hat ihr gezeigt, dass sie beim Nachgeben immer übervorteilt wurde. Ihre Vergebungsbereitschaft führte nur dazu, dass sich absolut nichts veränderte.

Die Frau reagiert mit Abgrenzung, denn sie hat Angst vor einer neuen Verletzung.

- Wem gegenüber fällt es mir schwer, sanftmütig zu sein?

- Welche Gefühle habe ich, wenn ich mit diesem Menschen rede?
- Wem gegenüber fühle ich mich überlegen, wem gegenüber unterlegen?

Weder Unterlegenheit noch Überlegenheit helfen zur Sanftmut!

Sanftmut im Leben Abrahams

Abraham war mit seinem Neffen Lot und der ganzen Familie umgezogen. Sie hatten riesige Herden. Zwischen Abraham und Lot gab es ein gutes Einvernehmen. Aber die Hirten der beiden gerieten häufig in Streit. Jede der beiden Gruppen wollte das Weidegebiet für sich, das die besten Ergebnisse erzielte.

Abraham beriet mit seinem Neffen, was sie unternehmen könnten, damit die Hirten ihrer jeweiligen Herden nicht ständig in Streit gerieten (1. Mose 13).

Dies ist übrigens ein Zeichen von Sanftmut: Bereitschaft zum Gespräch – *nicht über den anderen reden, was einen an ihm stört, sondern mit ihm reden, nach einer Lösung suchen, nicht einfach nur schimpfen.*

Wahrscheinlich saßen die beiden bei einer guten Mahlzeit zusammen, um sich zu beratschlagen. Heute würden wir sagen »bei einer guten Tasse Kaffee«.

Beim Essen begibt man sich auf dieselbe Kommunikationsebene. Man tut sich und dem anderen mit dem

Essen etwas Gutes. Ein gesättigter Magen ist zu einem besseren Gespräch bereit. Essen verbindet!

Abraham und Lot kamen zum selben Ergebnis: »Wir teilen das Land. Wenn beide Hirtengruppen die Grenzen kennen, kommen sie sich nicht mehr ins Gehege. Jeder weiß, wo er sich aufzuhalten hat.«

Viele Menschen belasten sich zu stark. Es wäre besser, klare Grenzen zu vereinbaren, als ständig das Gefühl zu haben, zurückstecken zu müssen. *Mangelnde Sanftmut beruht oft auf ständiger Überlastung.*

Abraham und Lot machten zusammen eine Lagebesichtigung. Sie erkannten dabei natürliche Grenzen, die das Teilen vereinfachten. Beide Hirtengruppen würden ohne Mühe erkennen, bis wohin ihr Bereich ginge. Das einzige Problem erwuchs dadurch, dass einer der Herdenbesitzer sich mit dem weit schlechteren Weidegelände begnügen müsste.

Jetzt kommt der wichtigste Moment an dieser Geschichte: Sicher hatte Lot dieselbe Einsicht wie Abraham. Er konnte klar bejahen, wie Abraham dachte. Aber in seinem Herzen wusste er auch, dass er verlieren würde. Denn Abraham war der Ältere und durfte deshalb als erster wählen, welches Stück Land er haben wollte. Er konnte ganz selbstverständlich zupacken – und handelte doch anders. »Lot«, fragte er, »welchen Teil willst du haben?« Abraham gab Lot die Freiheit zu wählen. Er gab ihm die Möglichkeit, ihm, dem Onkel, frei-willig zur Verfügung zu stellen, was ihm sowieso zustand. Aber Lot durfte auch – durch Abrahams

Großzügigkeit – seinen eigenen Vorteil wählen. Lot ergriff seinen Vorteil.

Abraham zeigte hier Sanftmut. Er wusste: »Wenn Lot mir freiwillig das Land zugesteht, das mir eigentlich gehört, dann kann er damit in Frieden umgehen. Aber wenn er mir ein Leben lang neidet, dass ich das bessere Stück gewählt habe, werden die Hirten zwar nicht mehr streiten, doch zwischen mir und Lot wird ein lebenslanger Unfrieden sein.«

Abraham ließ Lot wählen. Er ließ es im Wissen zu, dass niemand zu kurz kommt, der Gottes Weg geht. Abraham hatte keine Angst vor der Wahl Lots. Er war im Frieden mit Gott.

Am Ende der Geschichte sehen wir, dass Abraham das Land besaß, während Lot alles verlor – sein Land, seine Herden, sogar einen Teil seiner Familie.

Wie viele Jahre zwischen der Teilung des Landes und dem Untergang von Sodom und Gomorrha liegen, ist uns nicht bekannt. Aber dass Abraham Lot trotz seiner egoistischen Wahl von Herzen gut gesonnen war, sehen wir an seinem Ringen mit Gott. Als Gott ihm zeigte, dass er Sodom vernichten wollte, bat Abraham um Verschonung, weil Lot dort wohnte.

Gott hat andere Prinzipien als wir. Wir sehen nicht gleich, dass und wie diese Prinzipien funktionieren. Wie viele Jahre es Lot ausgesprochen gut ging, bevor er alles verlor, wissen wir nicht. Lot ist vergessen, während Abraham als Glaubensvater in die Geschichte eingegangen ist.

Manchmal meinen wir, sanftmütig entschieden zu haben.

Ob es wirklich Sanftmut war, ist nachprüfbar: Wenn wir eine gewisse Freude darüber empfinden, dass der Vorteil, den wir jemand gewähren, sich für diesen Menschen als Nachteil erweist, war es nicht Sanftmut. Es war vielleicht Unüberlegtheit, die wir später bereuen, oder fehlende Kraft, uns durchzusetzen, aber keine Sanftmut.

Der Sanftmütige kann ohne Groll nachgeben und erfährt Lukas 6,38: *»Gebt, so wird euch gegeben. Ein volles, gedrücktes, gerütteltes und überfließendes Maß wird man in euren Schoß geben.«*

Nur der Überlegene kann sanftmütig sein

Kinder müssen zuerst stark gemacht werden, bevor wir sie zur Sanftmut führen können.

Bei unseren Kindern habe ich manches in der Erziehung falsch gemacht. Ich fing an, unseren Ältesten zu lehren: »Wenn du jetzt zur Schule kommst, hau nicht zurück! Sei lieb mit den anderen, dann werden sie auch lieb mit dir sein und schon wieder aufhören.« Das sind gute Werte, zu denen ich immer noch stehe. Aber ich vergaß eins dabei: Wirklich sanftmütig können wir nur aus der Stärke heraus sein. Unser Junge kam zur Schule. Aber nach einiger Zeit versteckte er sich, bevor er zur Schule musste, war verstört und weinte viel.

Endlich erzählte er mir, was sich in der Schule täglich abspielte: »Mama, ich mache alles so, wie du es gesagt hast. Aber die Jungs hören nicht auf, mich zu schlagen. Sie lachen mich aus, weil ich mich nicht wehre. Ich will nie wieder zur Schule.«

Wir spürten, dass wir den falschen Weg gewählt hatten. Sanftmut im Sinne Jesu kann nur der ausüben, der eine innere oder äußere Stärke besitzt. Und unser Junge hatte keins von beiden. So lehrten wir unseren Jungen zu kämpfen!

Manchmal war ich unsicher, ob es richtig war, was wir taten. Wir baten unseren Sohn sehr, nicht mit dem Streit zu beginnen, aber sich in Zukunft zu wehren, wenn er angegriffen würde.

Eines Tages kam er strahlend nach Hause: »Mama, jetzt muss ich nicht mehr kämpfen. Die wissen jetzt, wenn sie mich angreifen, tut ihnen das nicht gut. Und weißt du, jetzt kann ich für andere kämpfen, die ungerechterweise angegriffen werden, nur, weil sie nicht so stark sind.«

Sanftmut ist etwas, wofür ich mich persönlich entscheiden muss. Das bedeutet, ich stehe dahinter, dass ich es will. Aufgedrängte Sanftmut ist Zwang. Sanftmut geschieht aus einer inneren Stärke heraus.

Der Sanftmütige hat keine Angst mehr zu verlieren. Er weiß, dass ein Stärkerer hinter ihm steht, der die Kontrolle darüber hat, was geschieht.

Die Sanftmütigen sind die wirklich Glücklichen

Klaus-Peter, der Missionar, berichtet, dass er durch den Stamm der Fayus lernte, was Sanftmut ist. Sie sagten zu ihm: »Wir können zwar nicht alles verstehen, was du zu uns redest. Aber wir merken, du lebst das Wort.« Sie zeigten dabei auf die Bibel. »Wenn nun da, wo du wohnst, so viele dieses Wort haben, dann muss es da nur glückliche Menschen geben!«

Sanftmut im Leben Jesu

Jesus sagt: »Lernt von mir, denn ich bin sanftmütig und von Herzen demütig« (Matthäus 11,29).

Wo Jesus persönlich angegriffen wird, reagiert er von Herzen sanftmütig. Als ihn Judas mit dem Verräterkuss als den Gesuchten kennzeichnet, spricht Jesus ihn liebevoll mit »mein Freund« an.

Später wird das schwere Holzkreuz auf Jesus geladen. Er trägt es. Am Kreuz angenagelt, angespuckt und verhöhnt, ruft er nicht nach den Legionen von Engeln, die ihm zur Verfügung stehen, sondern bittet für seine Peiniger: »Vater vergib ihnen, denn sie wissen nicht, was sie tun.«

Aber wo es um andere ging, da hat Jesus gekämpft! Als er die Händler im Tempel sieht, die nur an Gewinn und nicht an Gottesdienst denken, schlägt er mit der Peitsche dazwischen. Dann sehen wir ihn im Gespräch mit den Gelehrten, als die Ehebrecherin verurteilt werden soll. Jesus hätte sanftmütig sagen können: »Das Gesetz will ich nicht übertreten, aber ihr könntet freundlicherweise noch den Mann dazu herbringen. Einer allein macht keinen Ehebruch.« Nein, Jesus reagiert anders. *Er setzt sich für diese Frau ein.* Er will ihr Leben. Und er riskiert dabei, dass sich die Wut der Ankläger gegen ihn richtet.

Das ist die Sanftmut Jesu: Für sich selbst erträgt er, für andere kämpft er.

David und Goliat, Daniel in der Löwengrube

Der Sanftmütige weiß, wo er steht. Er ist nicht derjenige, der sich nicht zu wehren weiß.

David ging als Sanftmütiger auf Goliat zu! Goliat ging auf David zu, um ihn zu vernichten. David ging auf ihn zu, um den Namen des Herrn hochzuhalten. Goliat sagte: »Du kommst zu mir, wie man zu einem Hund kommt.« David antwortete: »Du kommst zu mir mit Schwert, Lanze und Spieß, ich aber komme zu dir im Namen des Herrn« (1. Samuel 17,45).

Der Sanftmütige hat aufgehört, seiner eigenen Kraft zu

vertrauen. Er weiß: Gott steht hinter mir. Ich bin stark, weil Gott mit mir ist. In diesem Vertrauen ging David. Er gewann, nicht weil er stark war, nicht weil er klug war und wusste, wohin der Kieselstein gezielt werden musste, sondern weil er im Vertrauen auf Gott ging. *Der Sanftmütige ist der wirklich Mutige.*

Sanftmütige Menschen sind nicht handlungsunfähige Menschen. Sie stecken für sich selbst zurück, aber wenn Gott sie auffordert, sich einzusetzen, haben sie keine Angst vor dem größten Feind.

Auch Daniel war solch ein Sanftmütiger. Er hatte keine Angst, weil er wusste, dass Gott zu ihm stand. Mit diesem Wissen ging er in die Löwengrube hinein. Er sagte zum König: »Ich weiß nicht, ob ich darin umkomme, ich weiß auch nicht, ob Gott mich daraus errettet. Aber eines weiß ich, dass ich zu diesem Herrn des Himmels gehöre. Er ist trotzdem Gott!«

Ist das nicht unsere Angst – gefressen zu werden, wenn wir in die Höhle des Löwen gehen? Für Daniel war es nicht so wichtig, wie er aus der Löwengrube wieder herauskam, sondern, dass er fest um Gottes Nähe wusste.

Als ich mit meinem Mann zusammen in unserem Bekanntenkreis nach sanftmütigen Menschen suchte, fanden wir nicht eine Handvoll davon.
Manchmal empfindet man Menschen als sanftmütig, wenn man sie noch nicht richtig kennt. Sanftmut ist eigentlich nur feststellbar, wenn sich eine Situation ergibt, die das Innere in uns nach außen kehrt, in einer Grenzsituation.

Beobachtet von der unsichtbaren Welt

Hier nochmals eine Geschichte, die sich bei den Fayus ereignete:

Klaus-Peter, der Missionar, besorgte über die Hubschrauberversorgung einen Plastikeimer für seine Frau, damit sie nicht unten am Fluss die Wäsche waschen musste. Als nun der Eimer in seiner schönen roten Farbe ankam, begann ein Fayu sofort um den Eimer zu handeln. Egal, wie viel Fische er dafür bot, der Missionar schlug nicht ein: »Ich brauche den Eimer. Und meine Frau wartet schon lange darauf«, erklärte er dem Fayu. Schließlich wurde der junge Mann so wütend, dass er einen großen Stein aufhob und auf Klaus-Peter schleuderte. Der konnte gerade noch wegspringen, aber der Eimer bekam ein großes Loch. Nun hatte keiner den Eimer.

Der »sanftmütige« Missionar geriet daraufhin so in Rage, dass er dem Fayu hinterher raste. Während er rannte, entdeckte er, wie viele Augenpaare ihn dabei beobachteten. Es half ihm, sich zu besinnen, wem er gehört. Gott sprach zu seinem Herzen.

Klaus-Peter rannte weiter, holte den Übeltäter ein, – drehte den Zitternden zu sich herum – und rieb ihm als Zeichen der Freundschaft die Stirn an seiner Stirn. Dieses Erlebnis hat viele Fayus zum Nachdenken gebracht.

Der Missionar aber sagte: »Das war nicht mehr ich, das war Gottes Geist. Denn von meinem natürlichen Empfinden her hätte ich ihn lieber verdroschen.«

Unser natürliches Empfinden entspricht nicht der Sanftmut. Und der natürliche Mensch empfindet auch nichts vom Geist Gottes (1. Korinther 2,14). Aber wer Gott gehört, wird empfänglich für seine Stimme. *Auf wen wir hören, dem gehören wir.*

Wie die Augenpaare der Fayus den Missionar und sein Handeln verfolgten, sind auch wir umgeben von einer unsichtbaren Welt, die sehr genau beobachtet, wie wir uns entscheiden.

Im Hebräerbrief lesen wir, dass wir eine ganze Wolke von Zeugen um uns haben (Hebräer 12,1). Vielleicht würden wir uns manches Mal erschrecken, wenn uns die Augen aufgetan würden. Aber es ist auch möglich, dass wir vor Freude jubeln würden, wenn wir wüssten, wer alles zu unserer Hilfe bereitsteht.

Sanftmut kann nur der Geist Gottes in uns bewirken. Ich selbst merke: Je mehr ich mich bemühe, umso weniger gelingt es. Wenn wir anfangen, daran zu arbeiten, werden wir das Versagen umso mehr wahrnehmen, weil wir ein Bewusstsein dafür bekommen.

Immer wenn uns Versagen bewusst wird, ist dies ein Baustein für Veränderung. Aber es ist nur ein Stein, zu dem noch viele hinzugefügt werden müssen.

Sanftmut heißt nicht, meine Persönlichkeit aufzugeben. Sanftmut heißt zu wissen, wer ich bin. Weil ich weiß, wer ich bin, kann ich sanftmütig sein. Ich brauche nicht meine Meinung zu verteidigen. Auch wenn mein Gegenüber andere Ansichten hat, reagiere ich nicht verletzt.

Trotz seines Andersseins lasse ich ihn stehen, kann ihn aushalten mit seiner Aussage, auch wenn ich diese niemals teilen könnte. Der Zweifel eines Menschen an Gott zum Beispiel wird nicht bewirken, dass Gott aufhört, zu sein. Ich brauche Gott nicht zu verteidigen. Denn er braucht weder mich noch meine Argumentation, um ihn zu beweisen. Ich kann nur zeugnishaft weitergeben, was er an mir getan hat. Das genügt.

Sanftmut als Reifungsprozess

Sanftmut ist der Reifungsprozess Gottes in mir. Diesen Reifungsprozess unserer Persönlichkeit kann letztlich nur Gott in uns schaffen. Aber wir dürfen ihn fördern: »Im Anschauen seines Bildes werden wir verwandelt in sein Bild« (2. Korinther 3,18).

Es gibt Menschen, die es mit dem Einsatz ihres Willens schaffen, sehr lange sanftmütige Reaktionen zu zeigen. Aber auch sie kommen irgendwann an ihre Grenzen.

Je mehr Jesus in uns Raum gewinnt, umso mehr wird er uns verändern. *Je mehr wir uns mit ihm beschäftigen, umso mehr wird er unser Denken und unsere Reaktionen bestimmen.*

Angst vor Abwertung oder falscher Einschätzung kann uns hindern, sanftmütig zu sein. Eine unserer Töchter hat eine Bäckerausbildung absolviert und in diesem Beruf gearbeitet. Inzwischen ist sie verheiratet und hat einen kleinen Jungen. Für einige Zeit nahm sie eine Putzstelle in einem großen Betrieb an, um ein wenig mitzuverdienen. Sie berichtete mir: »Bevor der Markt eröffnet wird, putze ich mit einigen anderen Frauen durch. Ich verstehe mich gut mit ihnen. Irgendwann später kommen die ersten Kassiererinnen an mir vorbei. Ich sage ›Guten Morgen‹! Aber ich bekomme keine Antwort. Später frage ich die anderen: ›Was ist los, hören die schlecht?‹ Die lachen aber nur und antworten mir: ›Die sind doch was Besseres! Sie sitzen an der Kasse, während wir nur den Boden reinigen!‹ – Mama, wenn ich nicht wüsste, wer ich bin, ich würde ihnen ins Gesicht springen!«, sagte meine Tochter. »Aber ich weiß, wer ich bin! Ich weiß, ich hab eine Ausbildung, ich hab gut abgeschlossen, ich kann etwas! Und ich weiß, wer ich für Gott bin, einmalig und wertvoll.«

Sie fühlt sich als Putzfrau nicht abgewertet, weil sie weiß, wer sie ist.

Unser Denkmuster muss sich verändern. Wenn wir zu Jesus Christus gehören, muss in unserem Denkmuster eine Umorganisation geschehen.

Ich muss mir bewusst machen, dass ich nicht der Unterlegene bin, zu dem mich andere abstempeln wollen. Meine innere Haltung bestimmt, ob ich etwas freiwillig übernehme oder aus Angst, Schwachheit oder Unterwürfigkeit als Sklave handle. Keine Arbeit ist unter meiner Würde, wenn ich mich freiwillig entscheide, sie zu tun.

Das beste Beispiel dafür ist Jesus selbst. Wir sehen, wie er bei der Fußwaschung die Füße seiner Jünger reinigt. Jeder der Jünger hat sich vor diesem Dienst gedrückt, da gewöhnlich der Sklave des Hauses dafür zuständig ist. Keiner will den Diener spielen. Jesus nimmt die Schüssel und kniet zu den Füßen seiner Schüler. Im Text lesen wir davon, dass Jesus weiß, wer er ist. Er ist sich klar darüber, dass er von Gott gesandt ist.

Es kommt darauf an, *wie* man die Füße der anderen wäscht. Jeder der Jünger hätte dies im Bewusstsein getan: »Mich erachten die anderen als den Geringsten, deshalb erwarten sie, dass ich es tue. Ich will nicht der Diener sein, nicht in seine Rolle schlüpfen.« Jesus wusch die Füße im Bewusstsein, dass er der König war und freiwillig diese Arbeit wählte. Er diente als König, nicht als Sklave. Er diente, weil er wollte, nicht weil er musste. Die innere Einstellung macht mich fähig, mich unter den andern zu stellen, ohne das Gefühl der Erniedrigung zu haben. Sehr viel leichter gelingt es meist, dem anderen den Kopf zu waschen als die Füße. *Ein heiler Mensch verbreitet Heilung, ein trauriger zieht mit in die Tiefe.*

Wir sind bedeutend, denn wir sind Kinder des Königs. Mein Verhalten muss unabhängig von den Reaktionen meines Gegenübers werden.

Beim Umgang mit anderen muss in mir das Bewusstsein erwachen: »Der Stempel, den der andere mir aufdrücken möchte, hat keine Gültigkeit.«

»Du bist schlampig, du kannst nichts.« Wer solche Aussagen gebraucht, zeigt damit, dass er selbst keinen inneren Wert erkennt. Der Sanftmütige braucht über solche Zuweisungen nicht aufzubrausen. Er kann ruhig um eine Erklärung bitten, was genau gemeint ist. Und er wird in Ordnung bringen, wenn etwas nicht korrekt erledigt wurde.
Auf keinen Fall muss er mit dem »du kannst nichts« übereinstimmen, wenn ihm ein Fehler unterlaufen ist.

- Bei welchem Menschen fällt es mir schwer, sanftmütig zu sein?
- Bei welchen Situationen erlebe ich mich nicht als sanftmütig?
- Was verstehe ich unter Sanftmut?
- Kenne ich einen sanftmütigen Menschen, der mir Vorbild ist?
- Möchte ich überhaupt sanftmütig sein?
- Und wenn ja, warum?
- Wenn nein, warum nicht?

Der Sanftmütige kann vergeben, auch wenn er im Recht ist. Er hat keine Angst vor Unterlegenheit.
Nur eine Seligpreisung spricht davon, dass man Mut haben muss – die Friedfertigen sind fertig zum Frieden, die

Barmherzigen erbarmen sich gegenüber einem, der ihre Hilfe braucht, die Hunger haben nach Gerechtigkeit, bekommen die Zusage, dass sie satt werden, und wer sanftmütig ist, braucht den Mut, seine ganze Angst an Jesus abzugeben!

Die Sanftmütigen in unserem Land sind die eigentlich Mutigen. Es sind Menschen, die den Mut haben, den Weg Jesu zu gehen.

Sanftmut hat einen Namen: Jesus

Jesus ist der einzig wirklich Sanftmütige. Bei ihm dürfen wir in die Schule gehen. Er will uns die Angst nehmen zu verlieren. Er will uns auch von der Angst vor uns selbst und unseren Reaktionen befreien.

Jesus ist die Tür aus dem Gefängnis unserer Angst. Jesus ist der Schlüssel zur Sanftmut.

7. Prägungen und Selbstwert

Wir sind so viel, wie wir über uns denken

Wir haben uns bereits im letzten Kapitel mit einer eindrucksvollen Geschichte aus der Bibel (Johannes 13,3–5) beschäftigt: Jesus wusch seinen Jüngern die Füße. Damals war dies die Aufgabe von Sklaven. Keiner der Jünger wollte diesen Dienst übernehmen. Jeder hatte Angst, sich damit abzuwerten. Für Jesus war dies kein Problem. Er wusste, wer er war. Er wusste, dass er von Gott gekommen war und zu Gott ging. Aus diesem Bewusstsein heraus konnte er jeden Dienst tun. Sein Königtum war nicht gefährdet durch einen Sklavendienst.

Wir sind soviel, wie wir sind, in uns selbst. Unsere Tätigkeit stempelt uns nur dann zum Trottel, wenn wir uns innerlich sowieso für einen halten.

Prägungen und Festlegungen. Von Menschen haben wir im Lauf des Lebens Prägungen erhalten. »Du bist schlampig«, sagte der Lehrer. »Du hast zwei linke Hände«, meinte der Vater. »Aus dir wird nie etwas«, prophezeite die Mutter. Oft stammen solche Aussagen aus dem Mund enttäuschter Eltern. Sie wollen, dass ihr Kind etwas Besseres wird als sie selbst. Und sie versuchen, im Kind ihr eigenes Minderwertigkeitsgefühl zu verstecken. Indem sie das Kind drücken, stehen sie selbst besser da.

Diese Prägungen sind in jedem von uns. Wir müssen uns bewusst machen, woher sie kommen, und uns auch bewusst davon trennen.

Das Bild, das ich über mich habe, habe ich im Laufe meines Lebens durch die Reaktionen gelernt, die andere mir zeigten. Es hat sich mir eingeprägt, wie wertvoll oder gering ich eingeschätzt und behandelt werde.

Mein eigenes Bild prägt später das Miteinander in Schule, Beruf, Familie. Überall bringe ich mich beim Gespräch selbst mit. Je nachdem, wie sicher oder unsicher ich mich dabei fühle, werde ich mit Rückzug, Anpassung, ausweichend, ängstlich – oder auch mit Wut, fordernd, bestimmend, ärgerlich reagieren. Wer ich bin, zeigt sich in meinen Reaktionen.

Sprache ist nicht nur ein Wort, sondern auch Gefühl. Wir lernen sie von unserem Vorbild, das uns beim Spracherwerb prägt. Sprache ist Leben. Ohne Ansprache stirbt ein Mensch. Sprache heißt Zuwendung.

Bei Gott sind wir wichtig und wertvoll. Auch wenn ich menschlich vielleicht ein Zufall oder Unfall war, bei Gott war ich von Anfang an geplant und wichtig.

»Noch bevor ich dich im Mutterleib bereitete, kannte ich dich!« (Jeremias 1,9)

»Weil du so wertgeachtet bist in meinen Augen, sollst du auch herrlich sein ... und ich habe dich lieb!« (Jesaja 43,4) – Ich war es ihm wert, dass er mich erlöste: »Fürchte dich nicht, denn ich habe dich erlöst. Ich habe dich bei deinem Namen gerufen. Du gehörst mir!« (Jesaja 43,1)

Auch wenn ich es selbst nicht fassen kann: Der Gott, der Himmel und Erde gemacht hat, ist mein Vater! Deshalb ist es wichtig zu wissen, wer wir bei Gott sind. Der Sohn Gottes muss in mir Raum gewinnen. Ich muss ihm mehr Glauben schenken als den Unterwertgefühlen. Sein Wort muss über meinem Wort stehen. Gottes Sohn muss in mir wachsen und größer werden.

Veränderung unserer Sprache im Laufe unseres Lebens

Die schnellste Verständigung findet mit dem Menschen statt, mit dem wir zusammenleben. Je öfter wir uns mit ihm unterhalten, desto mehr wissen wir, wovon er spricht, was er damit meint, vielleicht sogar, was er dabei fühlt.

Die Sprache des Partners verändert sich aber im Laufe der Jahre. Häufig wird das vom anderen nicht wahrgenommen, weil alles noch ähnlich klingt. Und plötzlich kommt es zu Missverständnissen. Es ist dem einzelnen unbegreiflich, warum der andere gereizt reagiert.

Deshalb ist die Verständigungsebene mit dem Menschen, mit dem wir zusammenleben, entweder besonders einfach – oder eben besonders kompliziert, weil wir meinen, ihn zu verstehen, er sich aber verhält, als hätten wir ihn nicht verstanden.

Wer nicht im Gespräch bleibt, spürt nicht, dass der andere sich verändert. Wir meinen im Laufe der Zeit zu wissen, wer der andere ist, aber meist fängt er gerade zu diesem Zeitpunkt an, nicht mehr derjenige zu sein, der er einmal war. So unterstellen wir Dinge, die nicht mehr stimmen, und meinen, den anderen zu kennen, obwohl er sich verändert hat.

Bei einer Persönlichkeitskrise kommt dies besonders zum Ausdruck. Der Mensch, der durch die Krise geht, kennt sich selbst nicht. Er entdeckt durch die Reaktionen der anderen, was seine Worte auslösen. Er selbst fühlt sich dabei unverstanden und falsch interpretiert. Bevor das Problem geklärt wird, entstehen neue Missverständnisse.

Besonders tritt dies im Alter der Pubertät zutage, was wohl die Zeit der größten Missverständnisse ist.

Die Veränderungen im Menschen- und im Eheleben.
- *Kind: 3–4 Jahre:* Dies ist die Zeit der Persönlichkeitsentwicklung und Abgrenzung. Das Kind lernt, Ja und Nein zu sagen. Es spricht nicht mehr in der dritten Person von sich – »Nina will« –, wenn es etwas möchte, sondern drückt sich in der Ich-Form aus.

- *Mit etwa 4–6 Jahren* beginnt ein Wunschdenken und eine Verschiebung der Wirklichkeit. Kinder können nicht klar zwischen Fantasie und Wirklichkeit unterscheiden. Ihre Vorstellungskraft ist so groß, dass sie Tatsachen verneinen, weil sie unangenehme Folgen befürchten. Sie meinen, dies dann auch gar nicht getan zu haben, weil sie es eigentlich nicht wollten.

Man nennt dieses Alter auch Lügenalter. In diesem

Alter darf man dem Kind liebevoll helfen, seine Vorstellungen mit der Wirklichkeit zu verbinden. Wenn man es wegen Lügen bestraft, führt das in diesem Alter höchstens dazu, dass es nichts mehr mitteilt. Oder das Kind wird, verunsichert durch das Verhalten des Erziehers, noch mehr lügen – und zwar wird es so antworten, wie es erfahrungsgemäß damit rechnen kann, ohne Strafe davonzukommen.

Danach beginnt die Zeit der Entscheidung des Kindes, in der es auch vorsätzlich lügen kann, um sich dadurch Vorteile zu verschaffen. Nun kann es sich entscheiden, das Gute zu wählen, das nicht immer angenehm ist – oder sich dagegen zu stellen. Und es lernt, falls es sich dagegen entschieden hat, die Folgen für eine Fehlhandlung zu tragen oder sich herauszureden.

- *Ehe nach 3–4 Jahren:* In dieser Zeit gibt es schmerzliche Wachstumsprozesse, die mit Missverständnissen einhergehen.

- *Kind: 6–7 Jahre:* Es ist dem Kindergartenalter entwachsen und wird eingeschult. Das Leben beginnt, ernster zu werden. Arbeiten ist angesagt. Es wird etwas von ihm erwartet. Mut zum Weitermachen ist erforderlich, sowohl beim Schulkind mit seinen ersten Buchstaben, als auch beim Ehepaar.

Diese schwierige Zeit ist eine Vorbereitung für den späteren Umgang in der Beziehung miteinander. Das Kind erlebt Annahme und Ablehnung, je nach seinem

Verhalten. Da jeder Mensch auf der Suche nach Annahme ist, wird die Versuchung groß, den anderen anzulügen, falls man dabei besser ankommt.

Das Versagen, der Versuchung nicht widerstanden zu haben, macht schlechte Gefühle. Danach bestraft zu werden, ist eine zusätzliche Verstärkung. Deshalb hat das schwierige, willensstarke Kind immer mit der Ablehnung seiner eigenen Handlung an sich und mit der Ablehnung durch seine Umgebung zu kämpfen.

• *Probleme in der Ehe nach 6–7 Jahren:* Mut zum Weitermachen ist angesagt, auch im Leben zu zweit. Jetzt muss geübt werden. Wer nur bedient werden will, lernt nichts dazu, auch wenn er jetzt aus der Ehe aussteigt, weil es unbequem wird. Das Gespräch ist hier der Hauptfaktor, an dem gearbeitet werden muss. Das kostet hauptsächlich Zeit.

Als wir etwa sechs Jahre verheiratet waren, ging ich mit meinem Mann durch eine schwierige Ehephase. Ingrid Trobisch war gerade zu Besuch. Ich berichtete ihr von unseren Schwierigkeiten. »Wie lange seid ihr jetzt verheiratet?«, wollte sie wissen. »Schon sechs Jahre lang!«, sagte ich. »Aber Ruth«, meinte sie, »dann kommt ihr jetzt gerade vom Kindergarten in die Schule!«

• *Teenager: 12–14 Jahre und Eheleute nach 12–14 Jahren:* Die Sprache zeigt Abgrenzung, die Körpersprache wird gewünscht, aber oft nicht richtig verstanden.

Missverständnisse häufen sich. Die Sehnsucht, angenommen zu werden ist groß, doch der äußere Ausdruck gibt wenig Anlass dazu. Hier gilt das *Dennoch*-Liebhaben. Eltern müssen einen Weg finden, um sich nicht so schnell verletzt zu fühlen, und ebenso dem Kind Signale zu geben, wenn es Grenzen überschreitet. Stimmung wird häufig bestimmt durch die Stimme. Und die Stimme wirkt wiederum auf die Stimmung. Ein Kreislauf beginnt, indem man dem anderen immerfort Annahme signalisieren kann, ihm das Gefühl gibt, ihn ernst zu nehmen – und dabei nichts von seinen verletzenden Worten zu glauben.

Dies gilt für Teenager und Eheleute im selben Maße.

- *Junger Mensch: 18–21 Jahre und Eheleute nach 18–21 Ehejahren:* Man ist volljährig – voll an Jahren, am Ziel, eigenverantwortlich. Aber die Last der Verantwortung ist auch erdrückend, die Unbesorgtheit der Kindheit ist vorbei.

Bei den Eltern beginnt der Prozess des Loslassens der Kinder und die Einstellung auf eine neue Lebensphase, die nicht mehr auf Kinder fixiert ist. Eine Neuausrichtung auf den Partner beginnt, der nun wieder ins Zentrum rückt. Wenn bis dahin wenig Partnerschaft gepflegt wurde, fühlen sich beide damit oft überfordert, jetzt auf den anderen vermehrt zuzugehen.

- *Ab 40 Jahren* beginnt für Mann und Frau gleichermaßen eine schwere Zeit.

Männer gehen häufig durch eine Midlife-Krise, Frauen kommen durch die Umstellung ihrer Hormone in die Lebensphase des Klimakteriums. Die Sehnsucht, in dieser Krisenphase verstanden zu werden, steigt. Die Erwartungshaltung, vom Ehepartner aufgefangen zu werden, führt zu neuen Missverständnissen. Die Sprache verändert sich. Die Kraft lässt nach und wird manchmal überlagert durch Aktivität. Häufig werden in dieser Zeit Überforderungssyndrome wie Spannung, Aggression, Unzufriedenheit erlebt.

Selbstwert und Verletzung

Worte offenbaren, wer wir sind. Je weniger ich mir selbst wert bin, umso leichter lasse ich mich durch den anderen infrage stellen. *Je mehr ich weiß, wer ich bin, umso weniger fühle ich mich getroffen.*

Der schwache Mensch bezieht alle Negativaussagen auf sich. Wenn mir jemand überlegen zu sein scheint, fühle ich mich angegriffen. Ist aber jemand schwächer als ich, kann ich häufig darüber lächeln.

Als unser Jüngster am ersten Tag aus dem Kindergarten nach Hause kam, hatte er ein bis dahin unbekanntes Wort gelernt: »Arschloch«. Ich war mir sicher, dass er die Bedeutung des Wortes nicht kannte. Er hatte wohl im Kindergarten erlebt, dass etwas in Bewegung kam, wenn jemand dieses Wort aussprach. Nun wollte er es gleich zu Hause ausprobieren.

Ich fühlte mich dadurch natürlich nicht angegriffen und identifizierte mich nicht damit. Es war mir klar, dass unser Junge mich nicht kränken wollte. Dieses Wort, so wenig ich es liebte, löste bei mir keine Gegenreaktion aus. Das Kind war in diesem Fall kein Kommunikationspartner, der mich hätte treffen können. Ich erklärte ihm, was dieses Wort bedeutete und dass ich es nicht mochte, doch dabei war ich nicht ärgerlich.

Schuld und Schuldgefühle. Wer alte Schuld nicht vergeben kann, wird immer Schwierigkeiten mit sich herumtragen und Vorurteile in sich nähren. Jedes Gespräch wird auf diese Weise einen bitteren Geschmack an sich haben. Die Folgen sind mangelnde Offenheit und fehlende Wärme.

Als Gott Adam ruft, stellt dieser sich nicht zu seiner Schuld. Er beschuldigt die Frau, die Gott ihm gegeben hat. Damit weist er auch Gott die Schuld zu.

Wer den Sündenbock immer nur im anderen sieht, kann keinen wirklichen Austausch pflegen. Die Schuldzuweisung bewirkt eine Schuldblockade. Der unversöhnliche Mensch ist immer auch ein unglücklicher Mensch.

Mangelnder Selbstwert muss die Schuld beim anderen sehen. Wer in sich zum Frieden gekommen ist, kann um Vergebung bitten, auch wenn der größere Schuldanteil beim anderen liegt.

Schuldgefühle verzerren jede Unterhaltung. Wer in sich kaum Wert empfindet, wird bei jedem Satz Verletzung heraushören. Schuldgefühle, deren Entstehungsgeschichte im Zusammenhang mit Sünde steht, müssen zu Jesus Christus gebracht werden mit der Bitte um Vergebung.

Wer in jedem Gespräch darauf bedacht ist, anderen Schuldgefühle zu machen, wird mit der Zeit gemieden werden. Keiner fühlt sich wohl, wenn er zum Sündenbock gemacht werden soll. Allerdings sollten Verletzungen mitgeteilt werden, damit der andere solche Punkte meiden kann.

- Wo bin ich innerlich in der Anklage gegen einen Menschen?
- Klage ich Gott an für schwere Lebenswege oder habe ich das Gefühl, von ihm keine Hilfe erfahren zu haben?
- Gegen welchen Menschen habe ich Vorbehalte und warum?
- Was sollte ich endlich aussprechen, um dem anderen zu signalisieren, was er in Zukunft meiden könnte?
- Mit welcher Schuld sollte ich einen Seelsorger aufsuchen, um mich auszusprechen?
- Habe ich im Gespräch öfter das Bedürfnis, andere zu beschuldigen?

Die laute Sprache der Vergangenheit. Verletzungen, die als treue Begleiter Tag für Tag kränkend bis todbringend, manchmal bis zum Lebensende mit uns auf dem Weg sind, können so aussehen:

- Zuweisungen: »Du bist nicht, du kannst nicht«, »Du bist wie …«
- Flüche und Verwünschungen
- Belastungen in Form von früheren Erlebnissen
- falsche Warnungen: »Männer wollen nur das eine«, »Frauen wollen nur dein Geld«
- Misstrauen
- Elternbild: Prägung durch den Umgang der Eltern miteinander

Meinen Wert bei Gott festmachen. Jörg Richter schreibt in einem Artikel über Selbstliebe: »Selbstliebe ist in der Bibel Selbstverständlichkeit! David dankt Gott in Psalm 139 in herzlicher Weise dafür, dass er ihn ›wunderbar gemacht hat‹. Er staunt sich selbst an, wie viel Mühe sich Gott mit ihm gemacht hat, und freut sich kindlich.

Gerade davor haben viele Christen Angst. Sich ja nicht zu wichtig nehmen! Sich ja nicht annehmen oder gar lieben! Man könnte ja egoistisch werden!

Egoismus blockiert den Weg zum anderen. Wenn unser Ich im Mittelpunkt steht, müssen alle anderen kleiner sein als ich, damit ich gut herauskomme, meine Fehler vertuscht, die der anderen aufgedeckt werden. Egoistische Menschen sind ständig abhängig vom Urteil der anderen. Können sie ihr Image nicht aufrechterhalten, brechen sie zusammen. Ihr Wert definiert sich durch die Aussagen, die andere über sie äußern.

Wer Gott tief im Herzen erkannt hat und seine unendliche Liebe zum Menschen, kann sich selbst annehmen, weil er von Gott – mit all seiner Schwachheit – angenommen ist. Er braucht sich nicht ständig um sein Image zu bemühen, denn Gott ist für ihn. Und deshalb ist er frei, sich um die anderen zu kümmern.

Selbstliebe ist eine Folge der Entdeckung, dass ich für Gott wertvoll, einmalig, wunderbar bin. Ich muss nicht sein, wie andere mich haben wollen, sondern darf entdecken, wie Gott mich meint.

Sich selbst lieben bedeutet also, sich so annehmen, wie Gott uns angenommen hat. Selbstliebe, Selbstannahme, Selbstwert haben nur dann mit Egoismus zu tun, wenn ich damit meine Schwächen herunterspiele und meine falsche Position verteidige. Wo ich aber bereit bin, mich mit meinen Stärken und Schwächen anzunehmen, wird mein Blick auf die vielen Dinge gelenkt, die Gott mir anvertraut hat. Ich bekomme den Mut, sie einzusetzen, statt mich ständig mit meinen Schwächen und Fehlern zu beschäftigen. »Nur wenn ich mein Selbst angenommen habe«, sagt Walter Trobisch, »kann ich es auch loslassen, kann ich selbst-los werden. Habe ich aber mein Selbst nicht gefunden, bin ich nicht zu meiner Identität gelangt. Dann muss ich ständig suchen und werde – die Sprache ist hier sehr genau – selbstsüchtig, ichsüchtig. Man könnte es so krass formulieren: *Wer sich selbst nicht liebt, ist ein Egoist.*

Er muss zwangsläufig zum Egoisten werden, sich gewissermaßen selbst ständig hinterherlaufen, sich selbst ständig suchen, und so wird er selbstsüchtig.

Selbstlosigkeit ist nur möglich, wo einer sich loslassen kann in die Liebe Gottes hinein. Selbstlosigkeit steht also nicht im Gegensatz zur Selbstliebe, sondern ist die Voraussetzung für echte Selbstlosigkeit.«

Wer bin ich? Was kann ich?

Wenn Sie jetzt zum Thema »Wer bin ich?« oder auch »Was kann ich?« eine Antwort geben sollten, was würden Sie von sich preisgeben? Fallen Ihnen zuerst Ihre Stärken oder sehr schnell Ihre Schwächen ein?

Zunächst ist bedeutend, wer diese Frage an Sie stellt. Dann kommt dazu, in welcher inneren Verfassung Sie sich gerade befinden – fröhlich oder traurig, geknickt oder mit einem Erfolgserlebnis hinter sich.

Sollte Ihr Chef diese Frage gestellt haben, werden Sie versuchen, Dinge aufzulisten, die Ihnen zum Vorteil sein könnten. Anders würde die Antwort der eigenen Mutter, dem Sohn, dem Ehepartner gegenüber ausfallen.

Jedem Menschen gegenüber spielen wir eine ganz bestimmte Rolle. Wir können uns bei einem Menschen wohlfühlen oder uns vor ihm verschließen. Das wird sich besonders im Gespräch mit ihm widerspiegeln. Ich merke, dass ich mich am meisten öffnen kann, wenn ich mich angenommen und willkommen fühle. Dann brauche ich keine Rolle zu spielen, kann mich geben, wie ich bin, und reden, ohne vorher zu prüfen, was ich sagen soll. Im Sprichwort heißt es: »*Ein Freund ist einer, vor dem man laut denken kann.*«

Jeder möchte angenommen sein. Sich angenommen fühlen heißt: Ich bin für jemanden wichtig. Er misst mich nicht an der Messlatte von Intelligenz, Geschicklichkeit, Redegabe oder anderem Können. Er sagt Ja zu mir, weil ich bin, weil ich da bin. Er stört sich nicht daran, dass ich Fehler habe.

Martin Buber sagt: »*Jeder Mensch auf dieser Erde ist auf der Suche nach einem Menschen, der ihm das Ja des Seindürfens zuspricht.*«

Je weniger ich von mir selbst halte, umso schwieriger kann sich ein Gespräch gestalten. Denn überall werde ich heraushören, dass der andere mich treffen will, mir mein Manko zeigt, mich wissen lassen will, dass ich nichts tauge. Sehr schnell werde ich Spitzen wahrnehmen. Je weniger ich mir wert bin, umso weniger halten auch die anderen von mir.

Unsicherheit und fehlender Selbstwert liegen, wie wir bereits feststellten, häufig in Festlegungen der Vergangenheit. Wer mit negativen Prägungen aufwächst, traut sich wenig zu, ist festgelegt, immer neu zu versagen. Im Gespräch fühlt sich der Unsichere schnell angegriffen, unterlegen, muss sich immer verteidigen. Oder aber er zieht sich zurück, bittet um Entschuldigung, übernimmt die Verantwortung, wenn etwas schiefgelaufen ist.

Meine Antwort verrät etwas von dem, wer ich vor mir selbst bin. Meine Reaktion sagt etwas über meinen Selbstwert aus.

Gott meint, dass es wichtig ist, dass ich da bin. Die innerlich festgelegte Rolle eines Menschen, der sich wertlos fühlt, ist »hausgemacht« und vom Schöpfer nicht gewollt.

Gottes Bild steht über jedem anderen Bild, das Menschen uns aufgedrückt haben und aufdrücken wollen. Egal, wie unwichtig ich mich fühle, Gott meinte, dass es wichtig war, dass ich sein sollte. Und deshalb darf auch ich mich wichtig nehmen. Ich darf mich von den inneren Erklärungen der Wertlosigkeit freimachen, indem ich Gott mehr Glauben schenke als jedem Menschenwort, sogar mehr als mir selbst. Gottes Wort steht über allem anderen!

Der Sohn Gottes will in mir Raum gewinnen. Gottes Sohn will in mir Gestalt annehmen. Gottes Sohn will in mir wachsen, über meine Erklärungen der Wertlosigkeit hinauswachsen.

Deshalb darf ich, ja muss ich mich selbst wichtig nehmen:
- *Ich muss meinen Leib pflegen:* Er ist ein Tempel des Heiligen Geistes! (1. Korinther 6,19)
- *Ich muss meine Gefühle ernst nehmen!* Ich brauche mich vor Gott nicht zu verstecken! Ich darf meine Tränen laufen lassen! »Sammle meine Tränen in einen Krug, ohne Zweifel, du zählst sie«, heißt es in Psalm 56,9.

- *Ich muss meinen Geist ernähren:* Jesus sagt in Johannes 6,48: »Ich bin das Brot des Lebens!« Das Reden mit Gott ist das Atemholen unserer Seele.

Ich darf mich annehmen mit meinen speziellen Gaben und Grenzen. Eine Freundin schrieb mir im Brief:
»Ganz allmählich begreife ich, dass Gott mich so geschaffen hat, dass ich wirklich einmalig bin. Vergleiche ich mich nämlich mit anderen, so scheitere ich ständig und bin nur unzufrieden. Zuletzt verglich ich mich mit dir, weil ich so sein wollte wie du. Aber jetzt weiß ich, dass ich auch nicht Ruth Heil bin. Das bist du. Ich traue Gott zu, dass er mir so viel gegeben hat an Gaben und an Grenzen, dass es genau für mich, Sabine, zugeschnitten ist, zum Besten.«

Ich darf mich selbst wichtig nehmen, denn Gott fand es wichtig, mich zu erschaffen. Ich habe einen Wert, ich habe eine Würde, denn Gott hat mich als sein Gegenüber gemacht. Aber Gott schuf mich nicht als Alleingänger, sondern auf das Du hin.

Wer weiß, wer er vor Gott ist, darf getrost Gaben und Schwächen annehmen.

- An wem messe ich mich?
- Was bin ich und was bin ich nicht?
- Wo sind meine Gaben?
- Wo sehe ich meine Grenzen?

Älter werden

Eine besondere Phase, die zu Kommunikationsstörungen führt, ist das Älterwerden. Hier darf vom einzelnen gelernt werden, die neuen Grenzen anzunehmen. Wenn dies nicht geschieht, werden die Menschen in unserem Umfeld ständig mit unseren Launen konfrontiert.

Veränderungen in unserem Leben, seien es Krankheit, Schmerzen oder Verlust, führen auch immer zu Sprachveränderungen: Der von Schmerzen Geplagte ist ungeduldiger beim Zuhören, der Ältere sucht vermehrt Anerkennung in seinem Aussehen oder seiner Leistung, wer unter Verlust leidet, sucht nach Verständnis …

Dazu kommt im fortgeschrittenen Lebensalter das nachlassende Hörvermögen. Man versteht den anderen buchstäblich nicht mehr. Eine Gesprächsblockade beginnt, ausgelöst durch falsches Hören, Ungeduld des Redenden, Wiederholungen, weil man nicht oder missverstanden wird. Bei stark nachlassendem Gehör kann es bis zur Isolation des Betroffenen führen.

Das Kurzzeitgedächtnis macht zusätzlich Probleme. Es braucht Wiederholungen, auch von dem, was verstanden worden ist. Im Hinblick darauf, dass wir alle älter werden, ist dies eine gute Schule für den jüngeren Menschen, um Geduld zu lernen.

Hören ist das Tor zum Anteilnehmen am Leben.

Hilfen, nicht nur für ältere Menschen.
- *Danken statt jammern:* Wer sich mit seinen Veränderungen nicht annehmen kann, wird ständig etwas zu jammern finden und wird seine Kraft in falsche Ziele stecken. Wenn ich weiß, dass meine Kraft kleiner ist, möchte ich lernen, Ja zu sagen zu dieser neuen Lebensphase, in der ich mit »weniger« leben muss. Jammern hilft nicht, sondern schadet.

  - Worüber jammere ich häufig?
  - Wofür kann ich danken?

- *Ändern was möglich ist:* Was man ändern kann, sollte man in Angriff nehmen. Jetzt kommt es auch darauf an, dass mir bewusst wird, dass das Aussehen nicht das Wichtigste ist. Das Innere muss mehr gepflegt werden.

  Dankbar werden hilft gegen Altern und gegen Jammern. Der Dankbare findet immer Grund zum Danken, weil er seinen Blick auf das Gute lenkt.

  - Was kann ich ändern?
  - Was muss ich hinnehmen?

- *Altes Aufarbeiten:* Wenn alte Erinnerungen hochkommen, sollten wir sie nicht verdrängen! Wo sind Möglichkeiten vorhanden, alte Zwistigkeiten in Ordnung zu bringen? Schuld zu bekennen ist ein neuer Weg, Freude zu empfangen. Luther sagte wohl deshalb: »Buße ist ein fröhliches Geschäft.«

- Wem trage ich etwas nach?
- Mit wem lebe ich in Unfrieden, und wie könnte eine Lösung aussehen?
- Bei wem habe ich alte Schulden zu begleichen?
- Worüber sollte ich Buße tun?

• *Jemandem mein Ohr schenken:* Lebt die eigene Mutter noch und bittet um Zuwendung, die vielleicht sogar manchmal lästig und fordernd ist? Jetzt ist es an der Zeit, über die nachzudenken, die uns brauchen, auch andere alte oder kranke Menschen in der Verwandtschaft oder Nachbarschaft. Zuhören ist das größte Geschenk, das wir zu geben haben.

Viele Menschen haben mir schon gesagt, wie sehr sie es heute bereuen, sich nicht mehr um die Eltern gekümmert zu haben, sich Zeit genommen zu haben, ihnen zuzuhören!

• *Mein Reden mit Gott überdenken:* Auch der Glaube altert. Mancher Glaube ist überaltert. Nun geht es um einen gründlichen »Hausputz«. Manchmal hilft ein neuer Bibellesezettel, eine andere Bibelübersetzung oder auch ein anderer Kommentar, damit wir wieder ein Bewusstsein für Gottes Wort bekommen. Eine Bibelfreizeit statt eines bloßen Urlaubs kann auch beim »Fensterputzen« helfen, um Gott neu zu begegnen.

- In welchen Punkten ist mein Glaube zu sehr zur Gewohnheit geworden und erstarrt?

- Sollte ich in meine Gebetszeit neue Formen hineinbringen, um wirklich zu beten und nicht nur Tradition zu pflegen?
- Wie ist mein Gottesbild? Sehe ich in Gott den liebenden Vater? Oder fühle ich immer noch seinen drohenden Zeigefinger auf mich gerichtet?

8. Mann und Frau – Männer- und Frauensprache

Diesem Kapitel möchte ich ein paar Sätze vorausschicken: Jeder Mensch hat von Gott eine ganz bestimmte Gabe bekommen, auf den anderen einzugehen. Wer heiratet, sucht meist im Partner Ergänzung, oft auch in der Kommunikationsform, die er selbst weniger hat. Der Mitteilsame wählt häufig den stillen, der Ruhige den lebhaften, der Emotionale den überlegten, der Logische den intuitiven Ehepartner. In der Regel suchen wir, ohne es zu merken, den Partner, der über das verfügt, was uns fehlt.

Wenn ich über Männer- und Frauensprache schreibe, so fühlen Sie sich bitte nicht verletzt, wenn dies bei Ihnen etwas anders gelagert ist, als ich es beschreibe. Sie sind nicht weiblich, wenn Sie ein Mann sind, und nicht männlich, wenn Sie eine Frau sind, falls manches auf Sie nicht so zutrifft, wie ich es darstelle.

Gott hat nur Originale erschaffen! Beim größten Prozentsatz von Frauen und Männern lässt sich eine bestimmte Verteilung von Verhaltensmustern feststellen. Das meint nicht, dass es bei Ihnen nicht anders sein kann und darf. Lesen Sie in diesem Fall einfach »andersherum«, um das Wesentliche trotzdem zu verstehen und Schlüsse zu ziehen, die zur Verständigung beitragen.

Die Erschaffung von Mann und Frau

Als Gott die Absicht hatte, einen weiteren Menschen zu erschaffen, nahm er Adam als »Grundstoff«. Er ließ ihn in einen Tiefschlaf fallen, um aus ihm ein Gegenüber zu entnehmen, das Eva heißen sollte (1. Mose 2).

Schauen wir uns Mann und Frau an, so entdecken wir schon im Äußeren viele Unterschiedlichkeiten. Eines aber teilte Gott ganz gleich auf: Ohren und Mund.

Gott gab jedem Menschen zwei Ohren und einen Mund. Es ist fast, als wolle er uns damit lehren, dass das Zuhören wichtiger ist als das Reden. Im Jakobusbrief lesen wir dazu: »Ein jeder Mensch sei schnell zum Hören, langsam zum Reden, langsam zum Zorn« (Jakobus 1,19).

Die erste Unterhaltung, von der wir in der Bibel lesen, fand zwischen Eva und der Schlange statt. Wenn wir uns diese Kommunikation verinnerlichen, entdecken wir, in welchem Bereich die Frau verführbar ist. Die Frau führt mit der Schlange ein emotionales Gespräch. Die Schlange stellt infrage, was Gott sagt. Eva schenkt der Schlange Glauben, mehr Glauben als dem, was Gott gesagt hat.

Adam lässt sich danach von seiner Frau die Frucht reichen. Auch er übertritt damit das Verbot, das Gott ihnen gegeben hat. Gott weist daraufhin beide aus dem Paradies. Er gibt jedem von ihnen eine neue Aufgabe: Adam soll in Zukunft den Acker bebauen, Evas Aufgabe wird sein, Kinder zu bekommen.

Diese tiefste Bestimmung ist bis heute geblieben: Auf dem Acker wächst nichts, wenn man nur mit ihm redet. Handeln ist angesagt. Und: Ein Kind wird nicht zur Entwicklung kommen, wenn man nicht mit ihm redet. Der Mensch braucht Brot und Beziehung zum Überleben. Mann und Frau ergänzen sich in diesen Aufgaben.

Männer- und Frauensprache

Was Männer und was Frauen bewegt. Es ist interessant zu sehen, wie diese Aufgabe noch bis heute das Wesen von Mann und Frau ausmacht. Männer denken oft mehr themenorientiert, ich nenne es auch »ackerorientiert« – und Frauen interessieren in der Regel mehr die mitmenschlichen Ereignisse, sie sind »beziehungsorientiert«.

Das heißt aber nicht, dass Männer nicht auch über Beziehung sprechen und Frauen nicht auch ganz sachliche Gespräche führen können.

Während Männer an einem Zeitschriftenkiosk nach Sport, Technik, Werkzeug, Tageszeitungen Ausschau halten, wird der Blick der Frau häufig mehr von Beziehungsangelegenheiten festgehalten: Freundschaft, Hochzeit, Geburt, Ereignisse im zwischenmenschlichen Bereich.

Vor einiger Zeit wurden wir eingeladen, mit vielen anderen Großfamilien ein Wochenende zu verbringen. Während des ersten Abends formten sich sehr schnell Gruppen – Männer- und Frauengruppen.

Ich saß gerade am Übergang zu einer Männergruppe. Wir Frauen unterhielten uns über Gefühle, Kinder, Erziehungsschwierigkeiten. Als ich zu den Männergesprächen »hinüberhörte«, fand ich heraus, dass es Politik und Wirtschaft, Hausbau und Bohrmaschinen waren, die ihre Gemüter bewegten.

Mädchen beginnen in der Regel früher zu sprechen als Jungen. Häufig haben sie einen größeren Wortschatz. Auch das Erlernen von Sprachen fällt ihnen leichter.

Mit ihren Worten hat die Frau eine große Macht. Oft ist ihr allerdings nicht bewusst, was sie damit anrichtet. Der Mann fühlt sich häufig durch das Reden der Frau angegriffen, vor allem, wenn er mit ihr verheiratet ist. Oftmals kann er nicht verstehen, was sie genau sagen will.

Warum Frauen sprechen: Frauen wollen sich mitteilen. Indem sie reden, verarbeiten sie, was sie denken, und sortieren Unverarbeitetes.

Dies gilt nicht für den Bereich sachlicher Angelegenheiten, sondern für Aspekte, die mit Gefühlen verbunden sind. Für den sachlichen Menschen klingt dieses Reden unsortiert. In Wirklichkeit ist es gefühlsorientiert, geordnet nach ähnlich erlebten Gefühlen.
Ein Bekannter von uns ist katholischer Geistlicher. Wir

tauschen uns immer wieder über Ehe aus, weil häufig Menschen zu ihm kommen, die er beraten soll.

»Neulich ist mir etwas nie Dagewesenes passiert«, meinte er schmunzelnd. »Eine Frau kommt zu mir, um sich einen Rat geben zu lassen. Sie spricht ohne jegliche Unterbrechung mehr als eine Stunde. Erstaunt schaut sie auf die Uhr. Sie springt auf und schüttelt mir herzlich die Hand. ›Danke, vielen, vielen Dank, Sie haben mir so sehr geholfen, ich habe mich lange nicht mehr so gut unterhalten‹, sagt sie und verabschiedet sich. Ich selbst hatte aber während dieses ›Gesprächs‹ kein Wort gesagt.

Was ist los mit solchen Frauen? Hilft ihnen ihr Selbstgespräch so sehr, dass sie dadurch Hilfe bekommen?«

»Nein, das sicher nicht! Denn es war kein Selbstgespräch«, musste ich ihm sagen. »Ihr Zuhören half ihr, einen Weg zu finden. Und dadurch, dass Sie dabei waren, fand sie ihn durch Sie.«

Ähnliches erlebe ich, wenn Frauen mir ihre Not im Brief schildern. Selten sind es unter drei Seiten, die sie schreiben, um ihre Situation zu veranschaulichen. Auch Nebensächliches scheint wichtig zu sein. Ich habe schon Briefe bis zu dreißig Seiten bekommen. Eine Frau schrieb einmal unter ihren Brief: »Danke fürs Zuhören. Ich weiß jetzt, was ich zu tun habe, Sie brauchen mir nicht zu antworten.«

Frauen nehmen Gefühle intensiv wahr und möchten sich darüber austauschen.

Ein Freund von uns berichtete: »Wenn ich von einem Wochenendseminar nach Hause komme, habe ich in drei Sätzen das Wesentliche mitgeteilt. Meist bedeutet meiner Frau das nicht so viel. Sie fragt dann nach ganz anderen Dingen, die ich meist nicht wahrgenommen habe. Inzwischen nehme ich immer ein Ohr von ihr mit, um zu hören, was sie später wissen will. Wonach sie fragt? Nun, ob inzwischen der eine verheiratet sei, jemand anderes schon sein Kind habe – und ob es Mädchen oder Junge sei, und natürlich möglichst noch den Namen.

Wenn meine Frau aber für zehn Minuten nur ins Dorf zum Einkaufen geht, kann sie mir eine halbe Stunde lang erzählen, was dort ›los‹ war, obwohl gar nichts ›los‹ war.«

In unserer Zeitung las ich folgenden Spruch: »Männer können stundenlang über ein Thema reden, Frauen brauchen dazu kein Thema.«

Für den Mann sind getroffene Entscheidungen zunächst endgültig; die Frau braucht Wiederholung.

Auch dadurch kommt es zu Missverständnissen.

Eine Frau braucht Wiederholung, um etwas zu sichern, es in ihren Gefühlen festzumachen. Sie fragt: »Hast du mich lieb?«, um dieses Gefühl, das gerade Bestätigung braucht, zu unterstreichen. Unterschwellig will sie auch wissen: »Ist da noch etwas Liebenswertes an mir? Bin ich dir nicht ›über‹? Ist es gut, mit mir zu leben?«

Für den Mann bedeutet solch eine Frage meist, dass seine Entscheidung infrage gestellt wird. Er hat auf dem Standesamt unterschrieben, vor dem Traualtar ja gesagt und kann aus dieser Frage nur heraushören: »Anscheinend habe ich etwas falsch gemacht.« Oder auch: »Ich habe versagt, sonst würde sie das nicht fragen.«

»Was empfinden Sie, wenn Ihre Frau fragt: ›Hast du mich lieb?‹, fragten wir Männer beim Eheseminar. Sie gaben folgende Antworten:
- »Das empfinde ich als Frontalangriff. Es bedeutet für mich, dass ich etwas verkehrt gemacht habe.«
- »Für mich heißt das, dass ein neues Kleid ›im Busch‹ ist.«
- »Ganz klar, sie will etwas.«
- »Ich hab es ihr auf dem Standesamt schriftlich, am Traualtar mündlich gegeben, ich weiß nicht, warum sie es immer noch nicht glaubt!«
- »Ich überlege mir, wann ich ihr das letzte Mal Blumen geschenkt habe.«
- »›Hab ich den Hochzeitstag vergessen?‹, frage ich mich als erstes.«
- »Ich hab meine Liebe zu ihr bis heute nicht widerrufen. Es ist an ihr, ob sie es glaubt oder nicht. Aber ich werde es nicht dauernd wiederholen.«

»Was antworten Sie Ihrer Frau, wenn sie fragt: ›Hast du mich lieb?‹«
Der Mann hört aus der Frage der Frau etwas anderes he-

raus als das, was sie erreichen will, und antwortet in der Regel ungehalten. Er reagiert mit:
- »Ja, natürlich!«
- »Sicher!«
- »Hab es noch nicht widerrufen!«
- »Immer.«
- »Ja.«

Sein Unterton klingt ärgerlich. Der Mann hat den Eindruck, versagt zu haben. Sonst könnte die Frau nicht solch eine Frage stellen. Die Frau aber ist durch den Ton in der Antwort des Mannes betrübt. Wenn er sie wirklich liebte, würde er doch auch liebevoll auf sie eingehen.

»Wenn Ihr Partner statt ›Hast du mich lieb?‹ sagen würde: ›Ich habe dich lieb‹, was würden Sie dabei fühlen?«, fragte ich weiter.

»Das ginge mir runter wie Öl«, meinte ein Ehemann spontan.

»Für mich sind solche Liebesbezeugungen nicht wichtig«, meinte ein anderer. »Aber es ist auf jeden Fall besser als die Frage ›Hast du mich lieb?‹«

Jeder Mensch hat unterschiedliche Bedürfnisse und reagiert auf manches allergisch, obwohl es vom Partner ganz anders gemeint war.

Konfliktstoff

Jahrelang lief es in meiner eigenen Ehe so: Ich suchte mit meinem Mann ein Gespräch, um Dinge zu klären, die mich verletzt hatten. War diese Unterredung zu Ende, fühlte ich mich unendlich erleichtert. Mein Mann aber war wie am Boden zerstört. Er hatte das Gefühl, alles falsch gemacht zu haben, auch wenn ich das so nicht zum Ausdruck gebracht hatte. Geklärt war also fast nichts, außer dass mein Mann sich wie auf einer Anklagebank vorkam – und nun entsprechend reagierte.

Häufig führen Frauen Gespräche herbei, um sich über ihre Gefühle Klarheit zu verschaffen. Sie wollen den Mann dabei nicht angreifen. Der Mann fühlt sich aber in der Regel trotzdem angeklagt. Am Ende ist nichts geklärt. Nur eine Fülle von neuen Verletzungen steht im Raum.

Der Mann zieht sich zurück, die Frau ist frustriert, dass es zu keiner Lösung gekommen ist.

Leider nutzt die Frau oft Momente der Vertrautheit aus, um in dieser Atmosphäre Unverarbeitetes herauszuholen. Das ist für den Mann meist der falsche Augenblick. Und so werden die seltenen Momente, in denen es eine gute Kommunikation geben könnte, beladen mit dem Ballast von Unverarbeitetem.

Oft schweigt und erträgt ein Partner eine Situation zu lange. Wenn es endlich zum Gespräch kommt, ufert es aus und wird zur Sammlung von Anklagen aus den letzten Monaten und Jahren.

Speichern von gefühlsmäßigen Erlebnissen. Viele Frauen haben die Fähigkeit, gefühlsmäßige Erlebnisse einander zuzuordnen und zu speichern. Das neu hinzukommende Ereignis speichert sich zum Alten, verstärkt es damit oder schwächt es ab. Die Gesamtzahl der Erlebnisse macht das jeweilige Gefühl zum Partner aus. Deshalb ist eine Frau selten »mittelmäßig« verheiratet, sondern entweder gut oder schlecht.

Dieser innere Gefühlsspeicher ist nicht willkürlich zugänglich, sondern entlädt sich – passend oder unpassend –, wenn eine bestimmte Menge zusammengekommen ist. Für den Mann kommen dann unverständliche Dinge heraus, die er kaum in Zusammenhang mit der jeweiligen Situation bringen kann.

Gefühlsmäßig hat die Frau bei diesen zurückliegenden Fragmenten jedes Mal ein ähnliches Erlebnis von innerem Schmerz (Unverstandensein, Alleingelassensein, Überfordertsein, Übergangenwerden) erlebt und erlitten.

Solche Ausbrüche sind Antworten auf viele übergangene, gefühlsmäßige Irritationen, die nicht ausgesprochen, auf jeden Fall nicht aufgearbeitet wurden. Ich nenne sie gerne die »innere schwarze Liste«, die wir exakt führen, ohne sie uns bewusst zu machen. Serviert werden solche Dinge dann taufrisch auf einem Tablett der Erinnerungen. Die

Serviererin staunt selbst nicht schlecht, wozu sie fähig ist.

Durch das Aufsparen der kleinen Konflikte entsteht eine Art Negativspeicher, der, wenn er schließlich gefüllt ist, zu einem Vulkanausbruch führen kann. Dieser Moment scheint aus der Mücke (die möglicherweise das Geschehen darstellt) den berühmten Elefanten hervorzuzaubern, der eben aus Hunderten von »Mücken« herrührt, die nicht ausgesprochen wurden.

Mancher muss die Angst vor der Auseinandersetzung verlieren. Denn streiten kann auch verbinden, weil es Grenzen klarmacht und Möglichkeiten für Veränderung schafft. Zu langes Schweigen und Leiden baut innere Mauern gegen den anderen auf.

Lieber streiten, aber sich danach auch richtig versöhnen, als mit einem Dauerschwelbrand zu leben, bei dem zwar niemand verletzt wird, bei dem es aber unentwegt nach Verbranntem stinkt. Nicht so viel anstauen!

Wir müssen konkret aussprechen lernen, was uns verletzt hat, ohne den anderen dabei zu beschuldigen!

Statt: »Das war gemein von dir, dass du das Klaus erzählt hast«, sollte Jasmin sagen: »Ich fühlte mich bloßgestellt, Tino, als du diese Äußerung Klaus gegenüber machtest!«

Diese zweite Botschaft versucht, dem anderen die Gefühle nahezubringen, die man mit einer Situation verbunden hat. Jasmin gibt in diesem Fall Tino die Mög-

lichkeit zu erklären, warum er so gehandelt hat – und setzt voraus, dass er Jasmin nicht verletzen wollte.
Wenn Jasmin mit: »Das war gemein von dir« beginnt, unterstellt sie Tino einen Vorsatz. Er fühlt sich durch diese Unterstellung verletzt und beginnt, sich dagegen zu wehren, dass er gemein sei.

Der allzu Versöhnliche muss Profil bekommen. Der allzu Empfindliche soll lernen, nicht aus jeder Kleinigkeit einen Streit vom Zaun zu brechen.

Verletzungen in der Vergangenheit führen zu Fehlinterpretationen in der Ehe. Unsere Kindheit holt uns als Erwachsene auf Schritt und Tritt ein.
  Die Frau sieht in ihrem Mann den Vater, der immer alles kontrollierte – und wehrt sich.

So sagte ein Mann im Ehegespräch: »Ich frage meine Frau nur ganz normal, ob sie heute schon einkaufen war, da haben wir Krach miteinander.«

Beim Aufarbeiten dieser Geschichte erzählt die Frau, wie ihr Vater früher beim Nachhausekommen jede Kleinigkeit abgefragt hatte. Wie sie sich dadurch oft entmutigt, kleingemacht und kontrolliert vorkam, weil er Details wissen wollte, die sie nicht mehr genau angeben konnte. Wie er pedantisch alles genau so haben wollte, wie er sich das vorstellte, bis hin zu dem, wie man die Tasse nach dem Trinken wieder abzustellen hatte. Sie hatte panische Angst davor, in ihrer Ehe wieder so kontrolliert zu werden, und wehrte sich bei den geringsten Anfängen schon gegen etwas, was der Ehemann mit seiner Frage gar nicht bezwecken wollte. Nachdem wir diese Sache aufgedeckt und aufgearbeitet hatten, wurde das Gespräch zwischen diesem Paar viel entspannter.

Der Mann entdeckt im Reden der Frau die eigene Mutter und grenzt sich ab.

Wieder sind wir im Gespräch mit einem Ehepaar. Die Frau deckt einiges Ungute in ihrer Ehe auf. Sie zeigt dabei mit erhobenem Zeigefinger auf ihren Mann. Jetzt wird der Mann wütend. Er steht auf (macht sich also körperlich größer) und sagt drohend, indem er auf sie weist: »Wenn sie so mit mir spricht, sehe ich meine Mutter vor mir, wie sie mich immer zurechtwies. Dann denke ich in meinem Herzen: Nein, das Bübchen von damals bist du nicht mehr. Das brauchst du dir nicht gefallen zu lassen.« Hier muss die Körpersprache sich verändern. Der erhobene Zeigefinger ist beim Ehepartner nicht angebracht. Als Paar stehen sie auf gleicher Stufe. Der erhobene Zeigefinger steht für ein Lehrer-Schüler- oder auch Eltern-Kind-Verhältnis und ist eine Drohhaltung. Er unterstreicht eine Endgültigkeit, an der nichts zu rütteln ist. Auch beim Kind ist diese Sprache nicht angebracht, da sie angsteinflößend wirkt. Noch weniger aber darf sie im Gespräch unter Erwachsenen benutzt werden.

- Wann und wodurch fühle ich mich angegriffen?

Wie kann eine solche Situation entspannt werden, ohne dass gleich ein Gegenangriff folgt?

Ich riet der Frau, in der nächsten Zeit während des Gesprächs mit ihrem Mann einfach ihre Hand festzuhalten. Falls der Finger doch wieder in Aktion treten sollte, bat ich den Mann, den Finger der Frau in die Hand zu nehmen und schlicht zu sagen: »Sag's mir bitte ohne Finger.«

Die Mutter übernimmt die Worte der eigenen Mutter, wenn sie mit ihrem Kind schimpft.

Eine Frau berichtet mir von ihrer fünfjährigen Tochter: »Ich liebe mein Kind über alles. Und ich nahm mir fest vor, anders mit ihm umzugehen, als meine Mutter früher mit mir umging. Heute entdecke ich aber, wie ähnlich ich reagiere. Ich habe dieser Tage genau das Wort wiederholt, das meine Mutter früher zu mir sagte. Dabei war meiner kleinen Tochter nur die Tasse aus der Hand gefallen, als sie mir helfen wollte. ›Du bist ein Dummchen‹, sagte ich zu ihr. Dabei schmerzte mich das damals so, wenn meine Mutter diesen Ausdruck gebrauchte.«

Hier muss ein Umlernprozess beginnen. Wir besprechen, was die Frau in Zukunft in solchen Situationen sagen will. Wir stellen uns verschiedene Momente vor, und sie muss dann die Worte dafür finden, mit denen sie sich eigentlich ausdrücken möchte.
Sicher wird sie noch einige Zeit üben müssen. Aber sich eine Sache bewusst zu machen, ist der erste Schritt zur Veränderung.

GEHEIMREZEPT
aus einer fünfzigjährigen Ehe

Schon morgens in einem Topf aufzusetzen auf heißer Herdplatte:
eine große Portion Freundlichkeit.

Im Laufe des Tages stündlich dazuzurühren sind:
ein liebevoller Blick oder Gedanke.

Das Ganze beim Mittagessen servieren
mit herzlicher Umarmung.

Zum Nachmittagskaffee reiche man
Lobestörtchen oder Dankesperlen.

Das Abendessen bereite man mit einem guten Gespräch vor, gewürzt mit
einer großen Bereitschaft zum Zuhören.

Beim Zu-Bett-Gehen wiege man die sich eingeschlichenen Bitterstoffe des Tages
mit Humor und Vergebung auf.

und gönne dem anderen – auch unverdient – einen köstlichen Abendtrunk aus
Hingabe, zubereitet als Feuerzangenbowle.

PS: Da dieses Rezept häufigen Schwankungen unterliegt, falte man schon morgens die Hände und bitte Gott um Gelingen.

Veränderung muss in mir beginnen. Am Beginn von Eheseminaren sage ich häufig einleitend:

»Wenn Sie hierher gekommen sind, um Ihren Ehepartner zu verändern, sind Sie leider umsonst da. Bitte hören Sie mit Ihren eigenen Ohren zu – und denken Sie nicht an die Ohren Ihres Partners, sonst werden Sie nur frustriert sein. Verändern können Sie letztlich nur sich selbst.«

Harmonie bedeutet nicht, dass zwei Jasager sich ständig bestätigen. Echte Harmonie meint, den Menschen an meiner Seite mit seinem Anderssein zu akzeptieren, ohne ihn umfunktionieren zu wollen.

Die Welt der Gefühle

Gefühle können die Logik blockieren.
Sie können das Innere eines Menschen bestimmen. Deshalb müssen sie dadurch entschärft werden, dass ich sie dem anderen mitteile. Dazu gehören Worte, die meine Gefühle ausdrücken.

Für eine Ehe ist es wichtig, sich ein eigenes »Gefühlswörterbuch« anzulegen. Darin kann von jedem definiert werden, was er z. B. mit dem Wort »Liebe« verbindet. Oder auch was er fühlt, wenn ich frage: »Hast du mich lieb?!« Welchen Wert misst er Tränen bei? – Was empfindet sie, wenn er schweigt?

Gefühlswörterbuch anlegen
Folgende Fragen können dabei eine Hilfe sein:
Was fühle ich,
- wenn ich für dich gekocht habe und du sagst, dass du keinen Hunger hast?
- wenn ich eine Rose von dir geschenkt bekomme?
- wenn du mir sagst, dass du mich liebst?
- wenn du versprochen hast, meine Jacke zur Reinigung zu bringen und es vergisst?
- wenn ich mich besonders bemühe, die Wohnung sauber zu machen und du bemerkst es nicht?
- wenn ich schon zum dritten Mal pünktlich nach Hause komme, weil du dir das gewünscht hast, und du sagst nichts dazu?
- wenn ich Überstunden mache, ohne zu stöhnen, und es kommt kein anerkennendes Wort?
- wenn du nur über deine Arbeit jammerst?
- wenn ich keine Antwort bekomme, nachdem ich dich etwas gefragt habe?
- wenn du einen Termin vergisst, der mir wichtig war?
- wenn wir zu spät kommen, weil dir irgendetwas wichtiger war?
- wenn ich dir ein Kompliment mache?

Falls Sie keine Antwort finden, sprechen Sie aus, wie Sie sich *nicht* fühlen. Das hilft zu erforschen, wie Sie sich fühlen.

»Man sieht nur mit dem Herzen gut. Das Wesentliche ist für

die Augen unsichtbar.« Antoine de Saint-Exupéry in: »Der kleine Prinz«.

Unausgesprochene Gefühle und Wünsche. Mangelndes Aussprechen von Gefühlen führt dazu, dass sich Mauern bilden, die uns einander entfremden.

- Welche Wünsche habe ich heimlich und komme mir deshalb oft unerfüllt vor?
- Kenne ich den Grund meiner Unzufriedenheit?

Unzufriedenheit zeigen wir hauptsächlich in der Kommunikation mit vertrauten Menschen. Tief drinnen erwarten wir von ihnen Verständnis und Lösungen.

Was die Frau vom Mann wissen sollte – und der Mann von der Frau

Während Frauen reden, um eine Antwort zu finden, machen Männer oft erst den Mund auf, wenn sie eine Antwort gefunden haben.

Deshalb erscheint der Frau die Antwort des Mannes manchmal so kalt und endgültig – und dem Mann das Reden der Frau sinnlos.

Für den Ehemann sind Krisen im Laufe der Ehe an der Tagesordnung. Ein Mann sagte es einmal so: »Meine Frau hat mindestens einmal pro Monat eine Krise. Da muss jeder Mann durch. In dieser Zeit gehe ich ihr am besten aus dem Weg. Sie fängt regelmäßig Streit mit mir an. Aber in der Regel dauert diese Krise drei bis fünf Tage und ist dann auch wieder vorüber. Als Mann braucht man einfach Geduld, um abzuwarten, bis die jeweilige Krise ausgestanden ist. Warten, und alles wird gut, ist meine Devise.«

Auch Schwangerschaften sind häufig Krisenzeiten im Leben der Frau, die von beiden Partnern nicht nur ausgehalten werden müssen, sondern auch ausgetragen. »Aus dem Weg gehen«, ist zwar auch eine Teillösung. Aber auf den anderen eingehen und ihm zeigen – vielleicht durch liebevolles Schweigen, eine Rose, eine Praline am Bett –, dass man zu ihm steht trotz seiner schlechten Laune, ist ein echtes Liebeszeichen.

Weil Männer an Krisen gewöhnt sind, merken sie leider nicht, wenn ihre Frau durch eine wirkliche Krise geht. Viele Männer haben Schwierigkeiten, die Frau nach ihren Gefühlen zu fragen, weil sie sich hilflos fühlen, darauf einzugehen.

Während Frauen über eine Krise reden wollen, ist für den Mann noch lange alles okay. Sie begreifen die Schwierigkeiten oft erst, wenn es schon fast zu spät ist. Von daher ist es erklärbar, dass Frauen meist viel früher eine Beratungsstelle aufsuchen als Männer.

Manchmal frage ich Männer beim Beratungsgespräch, warum sie zum Gespräch mitgekommen sind. Ein Mann, ein echter Pfälzer, gab einmal die Antwort:

»Ich raach net, ich drink net, ich bring's Geld hääm, ich schlach die Kinner net, mei Fraa hab ich aa noch net geschlache. Ich bin äfach mitkomme, um zu wisse, wa se jetzt noch will.«

Für ihn war unbegreiflich, was sich seine Frau noch wünschen könnte. Er war der Ansicht, dass das, was ihm genügt, auch ihr genug sei.

Da ein Mann oftmals erst redet, wenn er eine Lösung gefunden hat, will er auch nichts von Hilfsangeboten wissen. Er käme sich schwach und hilflos vor, wenn er einen anderen um Rat fragte. Deshalb suchen Männer in der Regel zunächst auch keine Beratungsstelle auf. *Für die Frau ist es leichter, Hilfe in Anspruch zu nehmen,* da sie die eigene Hilflosigkeit leichter zugeben kann. Meist besteht kaum Scheu vor einer Beratung.

Männer brauchen Zeit zur Umstellung. Viele Männer brauchen eine Ruhephase, bevor ein neuer Abschnitt am Tag beginnt. Sie können sich nicht unbedingt sofort vom Beruf auf das Zuhause einstellen. Das eine muss abklingen, bevor sie für Neues offen sind.

Ein Mann drückte es einmal so aus: »Ich würde meiner Frau den ganzen Abend zuhören, wenn sie mich beim Nachhausekommen zehn Minuten in Ruhe die Zeitung lesen ließe.« Diese Zeitangabe ist sicher untertrieben. Aber die Tendenz wird klar: »Gib mir bitte ein wenig Zeit, damit ich mich akklimatisieren kann.«

Manchem Mann habe ich geraten, einen Spaziergang durch den Park zu unternehmen, bevor er zu Hause nach einem harten Arbeitstag durch die Tür geht. Zwei ausgepowerte Ehepartner – der eine durch den Beruf, der andere durch die Anspannung mit den Kindern – bringen wenig gute Voraussetzungen mit, sich gegenseitig mit liebevoller Aufmerksamkeit zu beschenken.

Jeder Frau wünsche ich, dass sie eine gute Frauenfreundschaft pflegt, in der sie sich gefühlsmäßig mitteilen kann. Für einen Mann sind manche gefühlsmäßigen Gedanken kaum nachvollziehbar. Häufig zieht er sich deshalb im Gespräch zurück. Da die Frau dies merkt, versucht sie erneut, ihn zu erreichen. Der Mann aber fühlt sich dadurch bedrängt.

Frauen kommen schnell auf einer Beziehungsebene zueinander. Dadurch wird vieles intuitiv verstanden, ohne groß erklärt werden zu müssen. Gerade deshalb besteht aber auch eine Gefahr. Weil die Frau sich bei der Freundin meist schneller verstanden fühlt als vom eigenen Mann, verliert das Ehepaar den inneren Kontakt zueinander. Freundesgespräche sollten nie auf Kosten des Ehepartners geschehen oder als Vermeidung von Auseinandersetzung, sondern eher als Vorsortierung für das, was dem Paar dient.

Die durchschnittliche Frau gebraucht etwa 30 000 Worte, bis ein Tag vergeht, heißt es in einer Studie. Der Mann bringt es nur auf 20 000 Worte. Wenn er nach der Arbeit heimkommt, ist sein Wortvorrat auf etwa 50 geschrumpft, während bei der Frau, die nicht berufstätig ist, noch 10 000 Worte zur Verfügung stehen. Sieht man diesen Unterschied, wird begreiflich, warum Missverständnisse zunehmen.

Die Frau will sich mitteilen, der Mann möchte gerne »hoffnungslos schweigen«, ohne dass ihn dafür jemand rügt.

Der Frau mit Kindern fehlt häufig der Ansprechpartner. Zwar ist sie, falls es Kleinkinder sind, mit Zärtlichkeit und Nähe versorgt, aber die Worte, die sie tagsüber benutzt, erinnern eher an eine »Kommunikation in Kniehöhe«, wie ich es zu nennen pflege.

Mir wurde dies besonders bewusst, als wir ein französisches Mädchen für einige Wochen im Haushalt hatten. Sie wollte während ihrer Ferien ihr Deutsch üben.

»Nicole«, fragte ich sie bei ihrem Abschied, »was hast du hier am besten gelernt?« Ich musste bei ihrer Antwort laut lachen:

»Madame«, meinte sie ernst. »Ich habe zwei Sätze sehr gut gelernt, nämlich: ›Musst du aa?‹ und ›Hast du aa gemacht?‹«

Zu dieser Zeit hatten wir gerade drei Kleinkinder in der Familie. Offensichtlich waren diese Fragen des Öfteren ein Thema und blieben am ehesten haften.

Die Worte, die eine Mutter tagsüber spricht, sind oft nicht sehr anspruchsvoll. Entweder ist es die Unterhaltung mit den Kleinkindern – oder die Auseinandersetzung mit den Großen. Beide Kommunikationsbereiche sind anstrengend und in der Regel nicht erfüllend. *Kommt der Mann nach Hause, wünscht sie sich einen Gesprächspartner. Der Mann aber sucht mehr die körperliche Nähe seiner Frau* – und davon hat die Frau schon genug, bedingt durch die Kleinkinder.

Beide haben das Bedürfnis nach Nähe, der eine im Gespräch, der andere durch körperlichen Kontakt – und oft gehen beide leer aus, weil jeder sich unverstanden fühlt.

Für die Frau ist die Kommunikation das Tor zum Herzen des anderen. Durch das Gespräch kommt sie mit ihrem Mann in Berührung, die Fremdheit des Tages wird dabei überwunden – und sie kann sich besser öffnen für körperliche Nähe.

Ein amerikanischer Eheberater meinte, dass die Verabschiedung am Morgen und die Begrüßung am Abend das Verhältnis zeigen, das ein Ehepaar zueinander habe. Man könne dies auch bewusst einsetzen, um dem Ehepartner seine Wertschätzung zu zeigen. Dies würde auf jeden Fall dazu beitragen, das Eheklima zu verbessern.

Viele Frauen fühlen sich ihren Männern unterlegen – viele Männer fühlen sich ihren Frauen unterlegen. Frauen kennen selten ihre Stärke. In einem Seminar befragt, gaben mehr als 90 % der Frauen an, sich ihrem Mann unterlegen zu fühlen. Männer sagten dagegen aus, dass sie häufig durch das Verhalten ihrer Frau, hauptsächlich durch ihre Gefühle, unter Druck gerieten und innerlich verunsichert seien, wie sie das Richtige tun könnten.

Frauen empfinden die mangelnde Gefühlsbeteiligung des Mannes beim Reden als Überlegenheit und leiden darunter. Sie selbst geben, durch ihre Emotionen bedingt, manchmal mehr von sich preis, als sie ursprünglich vorhatten.

Da der Mann zunächst auf das, was die Frau gesagt hat, kaum Reaktionen zeigt, spürt sie zu spät, was ihre Worte bewirkt haben. Manche Frau setzt immer neue Verletzungen darauf, in der Hoffnung eine emotionale Reaktion des Mannes hervorzurufen. Dabei haben in ihm schon viele innere Reaktionen stattgefunden, die aber außerhalb ihrer Wahrnehmung lagen, äußern Männer.

»Wie reagieren Sie, wenn Ihre Frau ein Gespräch wünscht?« Das fragten wir Männer im Laufe eines Eheseminars zum Thema Kommunikation. Einige zogen bei dieser Frage spontan Luft durch die Zähne.

»Au weia«, meinte einer, »dann wird es ernst.«

Hier sind einige Antworten:

- »Ich erkundige mich, um was es in dem Gespräch gehen soll. Wenn nur eine Reparatur notwendig ist, können wir gleich darüber reden.«
- »Wenn sie ein Gespräch will? Ich versuche es auf jeden Fall auf den nächsten Tag zu verschieben. Und dann hoffe ich, dass sie es vergisst.«
- »Ich bemühe mich darum, ihr zuzuhören. Aber manchmal weiß ich einfach nicht, was sie eigentlich will.«

- »Ich bleibe im Türrahmen stehen, damit ich weggehen kann, wenn ich es nicht mehr schaffe, ihre Anschuldigungen anzuhören.«
- »Ein Gespräch mit meiner Frau? Das hält der stärkste Mann nicht aus. Zu Anfang bin ich immer bereit. Aber dann komme ich an einen Punkt, da schaffe ich es einfach nicht mehr, weiter zuzuhören.«

Der Mann empfindet die Fragen der Frau häufig als bedrängend, da sie Dinge fragt, zu denen er keinen Zugang hat oder die er nicht einmal wahrnimmt.

Mancher Mann schaltet im Laufe der Ehe auf inneren Abstand, wenn seine Frau ein Gespräch mit ihm will. Aber er muss wissen: Was seiner Frau wirklich wichtig ist, wird sie ihm immer wieder nahezubringen versuchen. *Deshalb sollte er besser das erste Mal zuhören, weil er es sonst mehrmals anhören muss.*

Warum fühlt der Mann sich unterlegen? In eigenartiger Weise hat Gott den Mann von Anfang an an die Frau gebunden.

Jeder Mann muss seinen Weg durch die Frau gehen, bevor er geboren wird.

Im Mutterleib schon wird er vertraut mit Gefühlen. Er trinkt an der Brust seiner Mutter, hat in der Regel in den ersten Lebensjahren mehr Umgang mit ihr als mit irgendeinem anderen Menschen, erfährt durch sie Zuwendung, aber auch Erziehung und Zurechtweisung.

Mit drei bis vier Jahren wird er im Kindergarten mit der nächsten Frau konfrontiert, die wieder das Sagen über ihn hat.

Dem kleinen Erstklässler schließlich gibt man die Lehrerin, weil die weiblichen Lehrkräfte meist die größere Geduld mit solchem Kleinvolk haben. Von ihr erfährt er seine ersten Bewertungen und Benotungen.

Tief im Inneren hat er Frauenerfahrungen gesammelt. Und nicht unbedingt alle sind gut gewesen. Er weiß, dass er den Gefühlen dieser Frauen ein Stück weit ausgeliefert ist. Auf der einen Seite sucht er ihre Nähe, die Geborgenheit und Sicherheit vermittelt, auf der anderen Seite hat er auch Angst davor, weil sie für ihn scheinbar unberechenbar in die andere Richtung ausschlagen kann.

Irgendwann lernt er seine eigene Frau kennen, heiratet und entdeckt in seiner Frau eine Vielfalt von Frauen, die ihm zuvor begegnet sind.

Gefühle verbindet der Mann häufig mit Unberechenbarkeit, Veränderung, Unsicherheit.

Bei einem Seminar antworteten Männer auf die Frage, was sie sich für ihre Ehe am meisten wünschten, dass sie gerne mit weniger Gefühlskonflikten leben würden, deren Ursache sie kaum begriffen. Ein Mann brachte es so auf den Punkt: »Ich möchte in unserer Ehe ein großer Stein sein, der nicht ständig hierhin und dahin bewegt werden muss. *Ich möchte einfach mal das Empfinden haben, dass meine Frau meint: ›Du bist okay.‹* Und nicht ständig das Gefühl: Eben stimmt wieder irgendetwas nicht – und du bist schuld daran.«

Verstärkend werden Situationen aus der Vergangenheit oft auf die Ehefrau übertragen. *Die Mutter, die durch Tränen Druck auf ihren Sohn ausübte, steht für ihn jetzt als Ehefrau vor ihm.* Dabei sind die Tränen der eigenen Frau vielleicht nur ein Zeichen von Überforderung und Sehnsucht, mal wieder in den Arm genommen zu werden. Alte Muster werden auf den Ehepartner übertragen, oft zu Unrecht.

Verletzungen prägen die Art unseres Umgangs mit anderen. So denkt ein Mann zum Beispiel: »Achtung! Mit dieser Gesprächsführung hat meine Mutter immer begonnen, wenn sie mich unter Druck setzen wollte.« Oder: »Meine Frau weint. Sie will nur ihren Kopf damit durchsetzen. Sie will mir Schuldgefühle machen.«

Auch die Angst der Frau vor dem Mann kann ihre Begründung in einem dominanten Vater haben. Die Frau hört in vielen Aussagen ihren Vater heraus, fürchtet sich vor ihm oder kämpft gegen ihn, um nicht wieder beherrscht zu werden, was möglicherweise gar nicht die Absicht des Ehemannes ist.

Vorbehalte, auch geprägt durch Aussagen vor der Ehe, können das Bild negativ beeinflussen:
- »Männer wollen nur das eine.«
- »Männer meinen, immer recht haben zu müssen.«

Bei einer offenen Aussprache muss jeder lernen, dem anderen Glauben zu schenken, auch wenn die Gefühle noch nicht so recht mitmachen. Gefühle dürfen nicht den Anspruch auf Richtigkeit erheben.

Für Mann und Frau gilt gleichermaßen: Je mehr man miteinander spricht, auch und gerade über Alltagsdinge, umso besser lernt man die Sprache des anderen kennen. Je weniger miteinander gesprochen wird, umso mehr häufen sich Missverständnisse. Auch das scheinbar oberflächliche Gespräch muss gepflegt werden, damit das tiefer gehende möglich wird.

Die schwerste Fremdsprache der Welt ist die Ehesprache. Deshalb muss sie regelmäßig gesprochen werden, damit sie einem vertraut wird. Dabei dürfen beide lernen, auf die Ebene des anderen zu kommen. *Der Logische darf sein Herz mitnehmen und Gefühle entwickeln; der Emotionale darf manches zuvor durchdenken, bevor er den Mund aufmacht, damit der Logische folgen kann.*

Keiner darf erwarten, nur verstanden zu werden. Denn zum Verstehen gehören Reden und Hören.

Logik und Intuition

Logik und Intuition bilden zusammen eine große Stärke. Gegeneinander gerichtet bauen sie Blockaden, schließen einander aus, machen Feinde.

Logik ist die Fähigkeit, aufgrund von Denkprozessen zu Lösungen zu gelangen, sie Schritt für Schritt zu erarbeiten, wie man auch eine Rechenaufgabe angeht.

Intuition dagegen ist die Gabe, eine Situation ganzheitlich zu erfassen und zu Schlüssen zu kommen, die nicht erarbeitet werden, sondern die einfach naheliegen. Der intuitive Mensch hat selten Erklärungen für seine Ergebnisse, während der logisch Denkende im Griff hat, warum er seine Antwort gerade auf diese Weise formuliert.

Für den Logiker stellt der Intuitive immer eine Verunsicherung dar. Er hat ihn nicht im Griff. Seine Gedanken sind ihm verschlossen. Er ist für ihn nicht erklärbar. Deshalb fühlt sich der logisch denkende Mensch dem Intuitiven häufig überlegen. Das heißt allerdings nicht, dass er immer die richtige Antwort hat, auch wenn seine Erklärung einleuchtend erscheint.

Mit der Intuition wird eine Situation aufgrund von Eindrücken, Gefühlen, Gerüchen und Wahrnehmungen erfasst, die der Logik nicht zugängig sind. Scheinbar mühelos kommt der intuitive Mensch zu Lösungen, ohne einen Denkprozess zu vollziehen. Gelegentlich ist er dem Denkenden sogar damit voraus. Aber manchmal liegt er auch falsch.

Bei Ehegesprächen kommt es vor, dass ich zu meinem Mann sage: »Bei diesem Paar fühle ich diese Problematik.« Sollte mein Mann fragen, warum ich so denke, könnte ich manchmal nicht antworten, warum. Mein

Mann unterstreicht meine Ansicht oft, indem er erklärt: »Aufgrund von dem, was der Mann meinte, und dem, was die Frau klagte, komme ich zum selben Ergebnis wie du …«

Logik und Intuition können sich auf wunderbare Weise ergänzen. Sie können sich aber auch verletzend auswirken, wenn jeder auf seiner Meinung beharrt.

Der logisch Denkende kann erklären, warum er zu einem Ergebnis kam – und kann trotzdem falsch liegen. Der Intuitive muss trotz seiner gefühlsmäßigen Sicherheit nicht im Recht sein. Das Leben ist zu vielfältig, als dass das richtige Einschätzungsvermögen immer nur auf einer Seite stehen müsste.

Ein Mann drückte es einmal so aus: »Meine Frau muss weit weniger Denkarbeit leisten als ich. Sie fühlt einfach, dass etwas so ist. Obwohl ich ihr Fühlen oft infrage stelle, weil es mich manchmal ärgert, dass sie einfach so redet, ohne es begründen zu können, liegt sie häufig richtig – und ich, trotz meines Nachdenkens falsch. Damit kann ich nicht immer gut umgehen.«

Gefühl muss die Logik nicht ausschließen. Ebenso braucht die Logik das Gefühl nicht auszugrenzen. Die Begabungen müssen nicht Mann- und Frau-spezifisch sein.

Sie können auch anders gelagert sein. *In der Partnerschaft finden sich meist beide Gaben zusammen.* Wenn sie zum Einklang miteinander kommen, bilden sie eine große Stärke für das Paar.

Wenn ich gelegentlich meinen Mann um eine Antwort bitte, meint er schmunzelnd: »Die kannst du gerne haben. Aber lass mir noch etwas Zeit, darüber nachzudenken. Ich bin ein Mann und muss vorher denken, bevor ich rede.«

Da Männer ihren Frauen gerne unterstellen, unreflektiert zu sprechen, sind sie verunsichert, wenn die Frau recht hat, scheinbar ohne darüber nachgedacht zu haben.

Männer reden über Reflektiertes, wie Politik, Gemeindebau, Versicherungsabschlüsse, sportliche Ereignisse. Dabei kann der Gesprächspartner anderer Ansicht sein, sollte dies aber begründen. Der Austausch bestätigt den Mann in seiner eigenen Meinung, oder macht ihn nachdenklich, falls der andere die besseren Argumente hat. Männer wollen im Gespräch herausfinden, ob ihre eigenen Denkergebnisse mit denen anderer übereinstimmen. Das gibt ihnen Sicherheit, manchmal auch innere Stärke, und das Gefühl, mitreden zu können.

Beziehungsgespräche sind für einen Mann eher uninteressant. Er tauscht sich selten mit jemandem darüber aus, wie gut oder schlecht seine Ehebeziehung ist, höchstens im sehr vertrauten Rahmen mit einem Freund. Und auch dort kaum. Ein Mann würde sich wie ein Kind fühlen, wenn er in Beziehungsangelegenheiten jemanden um Rat fragen müsste. Dies wirkt auf ihn wie Versagen: Ich bin nicht fähig, eine Ehe zu führen.

Jemand hat einmal den *Mann als Kopf, die Frau als Herz im Gesprächsmiteinander* bezeichnet. Oft ist es die

Frau, die mehr im Herzen Dinge entscheidet als mit dem Kopf. Aber dies trifft nicht nur auf die Frau zu, sondern in der Beziehung meist auf den eher Spontanen. Er antwortet schneller, weniger durchdacht und häufig mit einer Antwort, die sowohl richtig als auch falsch sein kann.

Meist finden »Kopf und Herz« in einer Beziehung zueinander. Oft bereiten sie leider auch Schwierigkeiten, wenn sie ihre jeweilige Begabung gegeneinander verwenden.

Kopf ohne Herz kann logisch total richtig sein, aber so kalt, dass man dabei erfriert. Herz ohne Kopf kann liebevoll gemeint, aber sogar todbringend für einen Menschen sein.

Als ich noch in meiner Ausbildung zur Krankenschwester war, meinte eine Mitschülerin: »Wenn ich einmal in einer lebensbedrohlichen Lage wäre, wünschte ich mir Silke und Andrea (beides Mitschülerinnen) als Begleitung. Silke, weil ich wüsste, dass sie medizinisch genau das Richtige entscheiden würde, aber Andrea, weil sie mir innerlich beistehen würde. Ohne Silke wäre mein Leben evtl. nicht zu retten, ohne Andrea würde ich innerlich vor Angst vielleicht schon sterben, bevor ich richtig tot bin.«

Beide, Kopf und Herz, brauchen Ergänzung und können nicht gegeneinander ausgespielt werden. In der Ehe ist das liebevolle Aufeinanderhören der Weg, um beides miteinander in Einklang zu bringen. *Der Intuitive muss auf die Antwort des Logikers warten lernen. Sonst hat dieser keine Chance der Äußerung.*

Führung in der Ehe

Führung kann ein Mann nur lernen, wenn die Frau ihm die Führung überlässt.

Leider habe ich dies in unseren ersten Ehejahren nicht begriffen. Ich traf Entscheidungen, wenn mein Mann keine Antworten fand, und überfuhr ihn oft mit meiner Meinung, die nicht immer schlecht gewesen sein mag. Dadurch übernahm ich die Führung in der Ehe.

Für ihn war dies mit der Zeit in Ordnung. Denn er konnte meinem Urteil im Großen und Ganzen vertrauen. Aber tief drinnen war ich ihm gram, weil ich die Entscheidungen eigentlich von ihm wollte und mich bei ihm nicht geborgen fühlte. Gott zeigte mir, dass ich ihm die Entscheidungen immer aus der Hand genommen hatte.

Langsam fing ich an, meinem Mann bewusst Entscheidungen zuzuspielen und zu warten. Es war nicht immer einfach, wenn er Dinge dann anders entschied, als ich es für richtig hielt. Er brauchte eine gewisse Zeit, um sich in diese Aufgabe hineinzufinden.

Heute bin ich dankbar für seine Führung, der ich mich gerne anvertraue, und die ich wie einen weiten, warmen Mantel empfinde.

Gefühlslogik

Männer und Frauen argumentieren oft anders. Den Mann kann die Art, wie seine Frau redet, aus der Fassung bringen. Oft versteht er ihre Argumentation nicht und empfindet sie als unlogisch. Außerdem hört er Spitzen heraus, die er gegen sich gerichtet fühlt. *Der Mann hat Angst, auf die Gefühle der Frau einzugehen, weil er meint, ihr dann nachgeben zu müssen.*

Die Frau kommt an ihre Grenzen, wenn sie sich nicht für voll genommen fühlt. Sie empfindet die Argumentation des Mannes oft als kalt und abweisend und meint, dass er wenig auf sie eingeht. Über manches möchte sie einfach reden, um zu wissen, warum er so denkt, und ihm mitteilen, was ihr dabei wichtig ist.

Tatsächlich hat die Frau eine hohe Erwartung an ihren Mann. Wenn sie mit ihm Probleme hat, sucht sie in ihm gleichzeitig den Schuldigen und den Therapeuten. Es kann vorkommen, dass sie sich über ihn beschwert und anschließend von ihm getröstet werden will. Solchen Anforderungen ist kaum ein Mann gewachsen.

Trotzdem kann er versuchen, eine innere Distanz bei einem solchen Gespräch zu bekommen und aus ihrer Anklage ihre eigene Not und Verunsicherung herauszuhören.

Mein Mann bezeichnet mein Denken liebevoll als »gefühlslogisch«. Die Wortneubildung gefällt mir außerordentlich gut. Sie sagt für mich: Da ist eine Logik drin. Zwar ist sie nicht erfassbar, aber sie ist nicht aus dem Nichts erwachsen. Sie ist wahrgenommen worden. Sie hat einen Ausgangspunkt. Sie ist wichtig.

Gefühlslogik ist die Wahrnehmung innerer Eindrücke, die zu einem Schluss führen. Diese Art Logik verbindet sich oft mit einer Intuition, einem Vorausahnen, worauf etwas hinauslaufen wird. Frauen handeln deshalb oft intuitiv (gefühlslogisch) richtig, ohne dass dies zu diesem Zeitpunkt von ihnen selbst erklärbar wäre.

Frauen können aber durch ihre Gefühlslogik auch sehr irritiert sein und zu falschen Ergebnissen kommen. Bei einem Einkauf bediente mich eine freundliche junge Frau. Aber anstatt mich über ihre Liebenswürdigkeit zu freuen, spürte ich innerlich Unbehagen und war dieser Frau gegenüber voreingenommen.

Nachdenklich verließ ich das Geschäft. Wie konnte ich so fühlen? Ich kannte diese Frau überhaupt nicht! Wer gab mir das Recht, sie negativ zu beurteilen? Ich schämte mich dafür. Nach langem Nachdenken fiel mir die Gefühlsbrücke ein. Jahre zuvor hatte ich in einem Film eine Schauspielerin erlebt, die eine zwielichtige Rolle gespielt hatte. Sie gab sich ungemein freundlich und hilfsbereit und zerstörte dabei das Leben von jungen Frauen auf gemeine Weise. Das Gesicht, vor allem aber das Lächeln der Kassiererin glich dieser Schauspielerin.

Dies zeigte mir, welche Gefahren dem Intuitiven drohen. Er speichert gefühlsmäßige Erinnerungen in einer Art Gefühlsspeicher. Diese werden später zu inneren Warnungen – oder aber auch zu Ermutigungen. Sie können zu Fehlentscheidungen führen.

In diesem Fall war ich in die falsche Richtung gelenkt worden. Ich war dankbar, dass Gott mir die Auflösung gab. Auch deshalb, weil mir damit klar wurde, dass Gefühle allein sehr in die Irre führen und Mauern zwischen Menschen entstehen lassen können.

Steine und Pfeile

Wenn ein Stein ins Wasser fällt. – »Wenn meine Frau spricht, ist es wie mit einem Stein, wenn er ins Wasser fällt. Er zieht Kreise, vielleicht sogar bis zum Ufer, immer größer werdende Kreise. Zum Schluss ist es kaum noch feststellbar, wo der Stein genau ins Wasser gefallen ist. Für meine Frau ist das Umfeld, in dem der Stein ins Wasser fällt, meist genau so wichtig wie der Stein selbst. Auch Kleinigkeiten scheinen bedeutend zu sein. Sie redet beim Sprechen auch von Gefühlseindrücken, die das Gesamtbild mitgestalten. Wenn meine Frau mir etwas erzählt, frage ich gelegentlich nach, was sie mir genau erzählen will. Denn oft begreife ich die Zusammenhänge nicht. Sie scheint eine andere Logik als ich zu haben. Außerdem verstehe ich nicht, warum für sie manches zusammengehört. Ich lasse mir Antworten für ihre Fragen einfallen. Aber bevor ich antworten kann, hat sie eine neue

Frage auf dem Tisch, und die alte scheint nicht mehr aktuell zu sein.

Inzwischen frage ich meine Frau, wenn sie mir manches mitteilen will: ›Willst du eine Antwort – oder möchtest du mich einfach nur als Zuhörer haben?‹ Sonst zerbreche ich mir die ganze Zeit den Kopf, was ich ihr antworten könnte, um dann in Erfahrung zu bringen, dass mein Rat nicht unbedingt gewünscht wird.

Seit ich aufgehört habe, ihr immer Lösungen anzubieten, kommen wir viel besser zurecht. Denn ich fühlte mich oft regelrecht zurückgestoßen, wenn ich mir die Mühe machte, eine Lösung zu suchen, die sie anschließend verwirft oder zerpflückt.«

Manche Frau will den Rat ihres Mannes nur hören, um zu wissen, was sie nicht will. Die Frau will in der Regel nicht unbedingt eine Antwort beim Gespräch. Sie will sich hauptsächlich mitteilen, den Mann in ihre Gefühlswelt mit hineinnehmen – und braucht ihn als Zuhörer.

Selten kann der Mann darauf antworten. Es scheint fast, je mehr er sich anstrengt, um so mehr bringt er in Erfahrung, dass er falsch liegt. *Das Denken einer Frau erforschen heißt, die letzten Rätsel der Welt lösen wollen.*

Ein Pfeil soll ins Ziel. – Wenn ein Mann spricht, so ist es, wie wenn man einen Pfeil ins Ziel schießt. Der Bogen ist bereit, man spannt die Sehne, der Pfeil kennt die Richtung. Der Mann bleibt bei seinem Gespräch auf dem Weg des Pfeils. Er geht nicht dazwischen im Wald spazieren, sondern verfolgt den Weg, bis er am Ziel ist.

Diese geradlinige Gesprächsführung erlaubt kaum Nachfragen, die nicht zum Weg des Pfeils gehören. Die Fragen, die eine Frau auf dem Weg des Pfeils stellt, sind für den Mann irritierend und nicht dazugehörig. Sie interessiert möglicherweise, mit wem der Mann beim Pfeilschießen war. Dies gehört für ihn ebenso wenig zum Thema wie ihre Nachfrage, auf welchem Platz das Schießen stattfand. Alles, was den Weg des Pfeils hindert, stört ihn in der Gedankenführung.

Wenn mein Mann und ich zusammen bei einem Seminar referieren, versuche ich, ihn wenig zu unterbrechen, weil ich ihn damit aus dem Konzept bringe. Ich weiß dies inzwischen und kann nachvollziehen, was bei ihm dabei unterbrochen wird – nämlich der Pfeil!

Früher wollte mein Mann immer, dass ich ein Gespräch auf den Punkt bringe. Aber ich wusste selbst nicht, was der Punkt sein sollte. Seine Aufforderung führte mich in trauriges Schweigen hinein, denn ich konnte darauf nicht antworten. *Alles war für mich »Punkt«, alles irgendwie »wichtig«.*

Ich habe inzwischen gelernt, auf seine Sprachebene zu gehen, wenn ich mit ihm rede. Ich überlege mir, was ich ihm genau mitteilen will. Nicht immer gelingt es mir, ihm begreiflich zu machen, was mir wichtig ist, aber meistens. Manchmal nehme ich einen zweiten Anlauf, wenn er mich liebevoll wissen lässt, dass er immer noch nicht verstanden hat, worum es geht.

Ich schätze es, dass er seine eigenen Mitteilungen nicht nur sachlich unterbreitet, sondern versucht, sein Herz mitzunehmen, mich beim Gespräch anzuschauen, und nicht nur logisch zu argumentieren, sondern auch Zwischenmenschliches einfließen zu lassen.

Keiner darf auf seiner Ebene als der einzige richtigen beharren. Sprache heißt nicht nur die eigene reden, sondern die des anderen verstehen lernen und üben.

Im Gespräch fühle ich mich besonders angenommen, wenn er mich gelegentlich liebevoll dazu auffordert, ihm doch unsortiert zu sagen, was gerade durch meinen lieben Kopf gehe. Dann kann ich so richtig loslegen – und stelle erstaunt fest, wie schnell ich manchmal fertig bin. Weil ich nahe an seinem Herzen bin, brauche ich mein Herz nicht mehr zu erklären. Ich fühle mich von ihm verstanden.

- Wann fühle ich mich in einem Gespräch wohl?
- Von welchem Menschen fühle ich mich verstanden?
- Was macht mir bei einer Unterhaltung Angst?
- Bin ich eher ein logischer oder ein intuitiver Typ?
- Gibt es Aussagen, auf die ich allergisch reagiere, und warum?

Nicht verändern, sondern annehmen!

Meine Gedanken sagen, ohne den anderen in eine Rolle zu zwingen. Wir waren fast zwei Jahre lang verlobt, bevor wir heirateten. Dadurch kannten wir uns schon recht gut. Und auch, wenn ich vieles an meinem zukünftigen Mann schätzte, hatte ich Ideen, was er noch besser machen könnte. Ich war überzeugt davon, dass sich das mit der Zeit geben würde. Heute, nach über fünfzig Ehejahren, weiß ich, dass ich mich ändern kann. Aber es ist mir bewusst, dass es außerhalb meiner Macht steht, meinen Mann zu verändern.

Wir erleben in der Paarberatung, *dass Männer oft eine hohe Vorstellung davon haben, wie ihre Frau reagieren soll.* Sie erwarten Verständnis, wenn es ihnen nicht gut geht, wollen ihre Nähe, wenn sie sich vom Leben unverstanden fühlen, genießen ihre Kochkünste …

Aber sie fühlen sich sehr schnell angegriffen, wenn die Frau eine andere Vorstellung vom Geldausgeben hat als sie, reagieren gereizt, wenn die Frau nicht ausgeglichen ist, sind beleidigt, wenn das Essen nicht pünktlich auf dem Tisch steht oder andere Dinge nicht akkurat erledigt wurden.

Auch Frauen leben häufig in der Erwartung, dass ihr Mann sie immer und jederzeit verstehen sollte. Sie möchten mit lieben Worten umgeben werden, besonders wenn sie selbst unausgeglichen sind. Sie wollen verstanden werden, selbst wenn sie Ablehnung zeigen, angenommen werden, wenn sie gereizt reagieren. Der Mann soll möglichst schon handeln, bevor sie ihre Gefühle in Worte gekleidet haben, ihnen zuhören, ohne dass sie sich die Mühe machen, auch für ihn verständlich zu reden.

Alle diese Erwartungen haben auch Kinder an ihre Eltern. Sie möchten verstanden und geliebt werden, auch ohne sich dafür anstrengen zu müssen. In der Ehe müssen wir aus der Rolle des Kindes aussteigen. In der Tat dürfen wir in der Ehe neu lernen, einander in Liebe zu ertragen, statt uns ständig mit Vorwürfen zu überschütten.

Aber es geht auch darum, nicht jede Äußerung des andern auf die Goldwaage zu legen. Als Partner dürfen, ja haben wir sogar die Pflicht, als Erwachsene zu reagieren. Keiner darf sich zurückziehen, nur um sich Ärger zu ersparen. Keiner darf zum Diener des anderen werden, nur um seinen Forderungen gerecht zu werden. Keiner darf zum Kind werden, das ängstlich nur darauf wartet, wie es wohl heute bewertet werden wird. Keiner von beiden sollte Boss spielen, den anderen bestimmen wollen, Vorschriften machen, meinen, alles besser zu wissen.

Wir müssen lernen, Wünsche zu äußern – und uns bedanken, wenn der andere darauf eingeht.

Wer den anderen ständig in eine Rolle drängt, die ihm nicht liegt, schafft eine ungute Stimmung. Denn der Überforderte kann darauf nicht mit Liebe antworten.

Es gibt mehrere Möglichkeiten, mit dem Anderssein des

Partners umzugehen. Auf jeden Fall muss ich ihn darauf ansprechen, dass mir sein Verhalten Schwierigkeiten bereitet. Er muss wissen, wie ich darüber denke. Aber ich darf nicht erwarten, dass er sein Verhalten danach sofort ändern kann und will. Doch in mir muss eine Entscheidung getroffen werden, wie ich in Zukunft damit umgehen werde.

Wenn der Mann immer die Kleidung in der Wohnung verstreut, kann die Frau
- am Morgen die verstreuten Kleidungsstücke auflesen und ihn dabei segnen
- ihm die gesammelten Werke vor sein Bett legen
- alles dort liegenlassen, wo es hingelegt wurde

Wenn die Frau nie rechtzeitig kocht, kann der Mann
- ihr sagen, wie sehr er sich auf das Essen freut und dass er auch wirklich Hunger hat, wenn er heimkommt
- ohne Vorwurf ein Stück Brot essen, aber dann noch mitessen, wenn sie das Essen fertig hat
- ihr ein kleines Geschenk, auf jeden Fall aber einen Kommentar geben, wie er sich darüber freuen würde, wenn es zeitlich klappte

Was uns auf Dauer kränkt, nichts hilft und eher schadet, ist
- sich zurückzuziehen
- nur noch zu nörgeln und zu zetern
- den anderen mit einem Elternteil zu vergleichen – »du bist wie …«

- ständige Unzufriedenheit zu signalisieren
- mit Vorwurfshaltung und hängendem Kopf herumzulaufen
- sich zurückgesetzt und als Esel zu fühlen
- zu schweigen und zu leiden

Hören Sie auf, Ihren Partner erziehen zu wollen. Gehen Sie in eine heilsame Offensive! Wer seinen Ehepartner erziehen will, muss in Zukunft mit einem unmündigen, angepassten »Kind« leben, das ihn nie zur Reife herausfordert, oder mit einem ewig nörgelnden »Teenager«, mit dem er nie Frieden findet.

Gebet

Gott
gebe mir die Gelassenheit,
Dinge hinzunehmen,
die ich nicht ändern kann,

den Mut,
Dinge zu ändern,
die ich ändern kann,

und die Weisheit,
das eine von dem anderen
zu unterscheiden.

Wer in die Erziehung Gottes geht, bekommt von ihm veränderte Augen für den anderen.

Die tiefste Form der Kommunikation geschieht in der Sexualität

Es gibt einen Bereich in uns Menschen, in dem Gott uns Anteil haben lässt an der Schöpfung. Dies geschieht in der Sexualität.

Der Körper spricht ohne Worte eine gemeinsame Sprache. Hier wird Begegnung zum tiefen Staunen über das Einssein unserer Körper. Ein-Leib-Sein wird erfahrbar wie im Ursprung. Damals war Adam noch beides, Mann und Frau, bevor die große Teilung stattfand und Eva aus ihm herausgenommen wurde.

Hier mündet Sprache in Geschehen, in Schöpfungsakt des ES WERDE. Aus dieser Einheit erwächst manchmal sogar ein sichtbares Wesen, ein Kind. Und dieses trägt dann untrennbar an seinem Körper den Stempel von Vater und Mutter gleichzeitig, als neues Ich, das beide vereint. Es symbolisiert tiefste Einheit, die nicht mehr rückführbar ist.

So hat Gott den Menschen gemeint, zur Ergänzung des anderen, zum Ganzmachen, Heilmachen, erlöst zur Gemeinschaft, zum Einssein.

Die tiefste Form der Verständigung beginnt dort, wo das Reden aufhört und das Verstehen wie der gleiche Schlag der Herzen erklingt, ohne Erklärung, weil nichts mehr zu klären ist – alles ist klar.

Aber weil wir gefallene Schöpfung sind, versucht die

Schlange auch in diesem Bereich ohne Unterlass ihre Verführungskünste einzusetzen.

Der Mann erlebt in der Sexualität die Heilung von dem Missgeschick der Welt. Er wohnt der Frau bei, erlebt sie als den Ort der tiefsten Geborgenheit. Aber er erfährt auch, dass diese Heimat ihm manchmal eigenartig verschlossen und fremd ist.

Gott gab dem Mann mit dem logischen Denken eine Art Steuer, um den Weg bestimmen zu können. Aber im Bereich der Sexualität schenkte Gott ihm Gefühle, die in dem Mann die Sehnsucht nach der Frau wecken. Könnte er diese Gefühle auch ganz unter Kontrolle bringen, würde er sich möglicherweise nie an eine Frau binden. Im Geheimnis der Sexualität führt Gott den Mann in die Abhängigkeit der Frau. Der Mann kann weitgehend ohne Gefühle klarkommen, aber diesen Bereich hat er nicht im Griff. Er sehnt sich nach der Frau, er möchte ihr begegnen. *Gott führt den Mann in der Sexualität aus der Sprachlosigkeit seiner Gefühle heraus. Der Mann wird fähig, sich der Frau hinzugeben und sich auf sie einzulassen.*

Je länger er mit ihr verheiratet ist, umso schwieriger scheint diese Begegnung zu werden.

Die Sexualität der verheirateten Frau ist oft eher inaktiv. Sie schlummert wohl in ihr, muss aber immer wieder neu geweckt werden. Das Wecken geschieht weniger durch sexuelle Handlung als durch die Zuneigung, die sie dem Mann gegenüber verspürt. Sein liebevoller Umgang mit ihr lässt die Sehnsucht wach werden, ihn berühren zu wollen, seine Nähe willkommen zu heißen.

Auf der anderen Seite sterben Gefühle ab, wenn der Mann die Frau tagsüber kaum beachtet, sie abends plötzlich umwirbt und liebe Worte sagt, während er vorher noch herumpolterte, weil das Essen nicht rechtzeitig auf dem Tisch stand. *Die Frau braucht den ganzen Tag das Gefühl, geliebt zu sein, um dem Mann seine liebevollen Worte im Bett abzunehmen. Ihr Denken ist ganzheitlich.*

Es ist, so beschrieb es einer unserer Mitarbeiter, als habe Gott bei seiner Teilung im Paradies Mann und Frau je eine Kommode mit unterschiedlicher Aufteilung anvertraut: »Der Mann besitzt darin eine Fülle von Schubladen, die er jeweils bedienen, öffnen und schließen kann. In der Kommode der Frau ist offensichtlich nur eine einzige Schublade vorgesehen. Diese Schublade ist von der Frau kaum in Ordnung zu halten. Hat sie gefühlsmäßig eine Ecke unter Kontrolle, sind zwei weitere Ecken schon wieder durcheinander.«

Frauen ordnen, bevor sie sich Neuem öffnen können. Neu ist auch jedes Mal wieder der Akt der Sexualität, bei dem sie ihr Inneres entblößen, nicht nur ihren Körper. Sie können es umso mehr, als sie sich dabei bedeckt fühlen von den täglichen liebevollen Aufmerksamkeiten ihres Ehepartners. Die Worte und Bestätigungen des Mannes sind die Geborgenheit, die die Frau braucht, um sich dem Mann hingeben zu wollen. Es ist wie ein Kleid, das sie anbehalten darf und das sie wärmt.

Der Schlüssel zum Herzen der Frau heißt: liebevoller Umgang miteinander. Das ist ein hoher Anspruch. Und doch wird das, was der Mann dafür erhält, letztlich so kostbar sein, dass sich dieser Einsatz lohnt.

Werden Sie wieder einfallsreich im Umgang miteinander! Das Wort ist das Tor zum Herzen des anderen. Sonst hätte ein Casanova nicht so viele Frauen verführen können. Sie schenkten seinen Worten Glauben.

• *Für den Mann gilt:* Behandeln Sie Ihre Frau wie eine Geliebte, nicht wie eine Angestellte! Wie man jemanden behandelt, so wird er handeln.

• *Für die Frau gilt:* Verlieren Sie im Bereich der Sexualität Ihre Empfindlichkeit! Es muss nicht immer alles erst harmonisch sein, bevor Sie bereit sind, sexuelles Zusammensein zuzulassen. Wer jedes Wort auf die Goldwaage legt, wird immer ein Körnchen finden, das nicht ausgewogen ist.

Frauen sollten in den Momenten, in denen der Mann zum Zuhören bereit ist, nicht sämtliche Probleme der vergangenen Woche aufarbeiten wollen, sondern die Nähe genießen.

Weise Frauen wissen: *Ein Mann, der in der Sexualität*

»satt« wird, ist sehr viel gesprächsbereiter und umgänglicher als ein Mann, der sich von seiner »Heimat« ausgeschlossen fühlt.

Bei innigster Nähe sprechen die wenigsten Männer. Wissenschaftler fanden heraus, dass das männliche Gehirn hauptsächlich einseitig arbeitet, wenn es um Gefühl und Logik geht. Die Sprache ist dabei auf der Seite der Logik untergebracht! Sobald Gefühle dazukommen, wird der Mann buchstäblich sprachlos.

Für die Frau ist es kein Problem, beide Hemisphären des Gehirns zu betätigen. Bei ihr sind Sprache und Gefühl ohnedies intensiv miteinander verbunden.

Die tiefste Form der Kommunikation ist auch am anfälligsten für Störungen. Deshalb müssen alle anderen Kommunikationsformen gepflegt werden, damit sie dem allertiefsten Austausch in der Sexualität den Weg bereiten können.

Wenn der Ehepartner kein Christ ist

»Wenn mein Partner doch Christ wäre, dann wäre alles gut!« Das meinen viele Ehefrauen.
Nicht alle Paare beginnen ihre Ehe mit dem gemeinsamen Glauben an Gott. Und auch in einer Ehe von zwei Christen kann einer zeitweilig durch Glaubenskrisen gehen (durch Enttäuschungen über Gott, fehlende Ge-

betserhörungen, etc.). Besonders problematisch wird es, wenn in einer Ehe von zwei Ungläubigen einer von beiden zu Christus findet. In der Regel ist es der eher schwächere Partner, der zu Christus findet, weil er erkennt, dass er Jesus Christus als Halt für sein Leben braucht.

Deshalb ist für den Stärkeren manchmal das Christsein des Schwächeren nicht so attraktiv, weil dieser häufig versagt. Für den Nichtchristen kann eine völlig neue Situation dadurch entstehen, dass der Partner durch den Glauben an Jesus ein neues Selbstwertgefühl entwickelt.

Frauen hängen leider an diesem Punkt oft ihre ganze Unzufriedenheit über die Partnerschaft auf. Sie konzentrieren sich nur darauf, den Partner zu Christus zu führen, statt an ihrer Partnerschaft zu arbeiten. Gerade dadurch fühlt sich der andere eher abgestoßen, weil er sich in eine bestimmte Richtung gedrängt sieht. Noch schlimmer ist es, wenn die Frau Vergleiche zu anderen Ehepaaren zieht, bei denen der gläubige Mann anscheinend liebevoller und verständnisvoller ist.

Als Christ allein in der Ehe
1. Den Partner gewinnen
- den Partner in seiner Andersartigkeit kennenlernen und annehmen, mich für ihn als Menschen interessieren
- soweit wie möglich auf seine Wünsche eingehen, ihn loben und ihm Zuneigung zeigen
- ihn mit Glaubensdingen nicht überfordern, sondern das Christsein mehr leben als darüber sprechen
- ihn vor anderen nicht schlechtmachen, weil er kein

Christ ist, und ihn damit nicht zu einem Menschen zweiter Klasse abstempeln
- ihn lieben, wie er es braucht

2. Angst verlieren
- die Angst verlieren, etwas falsch zu machen
- am Tisch leise beten, bevor man zu essen beginnt, oder auch darum bitten, dass man es laut tun darf (und dann nicht zu lange, sondern kurz Gott für die Gaben danken)
- wenn kleine Kinder da sind, ruhig mit ihnen beten und ihnen biblische Geschichten vorlesen, ganz selbstverständlich
- falls der Partner darüber lächelt, erklären, dass einem dies ernst und heilig ist
- die Empfindlichkeit verlieren

3. Sich abgrenzen
- mir nicht alles gefallen lassen, nur weil ich Christ bin
- auch als Christ habe ich eine Würde
- einen gewissen Freiraum offenhalten, um Gemeinschaft mit Christen zu pflegen

4. Sich selbst nicht unter Druck setzen und überfordern
- auch als Christ bin ich nicht perfekt
- Fehler eingestehen und um Vergebung bitten
- auf den anderen eingehen, so gut ich kann
- meine Bedürfnisse aussprechen lernen

5. Weise sein
- Gemeindebesuch nicht übertreiben
- den Prediger nicht als Vorbild hinstellen
- den anderen nicht auf Jesus eifersüchtig machen
- sich nicht unter dem Deckmantel des Christentums selbst Fehler zugestehen
- sich nicht im Wunsch verzehren: Wenn mein Partner nur Christ wäre, dann wäre alles anders
- nicht an diesem Punkt der Unzufriedenheit die Partnerschaft aufhängen

6. Mit Gott rechnen
- auf seine Zeit warten lernen
- mein Harmoniebedürfnis bei Gott abliefern
- meinen Partner segnen und für ihn beten

Wenn der Ehepartner zum Glauben findet, ist nicht plötzlich die ganze Ehesituation gelöst. *Deshalb ist es notwendig, an der Ehe zu arbeiten, auch wenn der Partner kein Christ ist.*

Wenn beide Christen sind, sind oft viel höhere Erwartungen aneinander da als bei Nichtchristen, was z. B. Vergebung und Mithilfe in täglichen Dingen angeht. Deshalb sind christliche Ehepaare nicht immer besser dran als nichtchristliche, was den Ehealltag angeht.

Leider zeigt die Erfahrung, dass christliche Ehepartner nur selten miteinander beten. *Die Unterschiedlichkeit von Mann und Frau spielt manchmal bis ins Gebet und Glauben hinein eine Rolle.*

Alle, die als Christen ihre Ehe leben dürfen, möchte ich bitten, neu miteinander beten zu lernen. Denn Gott will gerade durch das Gebet des Paares Großes bewirken.

»Wo zwei unter euch eins werden, um was sie bitten, das soll ihnen gegeben werden«, heißt es in Matthäus 18,19.

Sprechen Sie miteinander aus, was Sie jeweils am Partner als störend empfinden und warum sie das gemeinsame Gebet nicht mehr pflegen. *Lassen Sie nicht zu, dass der Feind Ihnen raubt, was Gott Ihnen schenken möchte!*

Tipps für Eheschwierigkeiten

Ehekrisen werden häufig dadurch ausgelöst, dass einer der beiden Probleme hat. Nach kurzer Zeit greift dies auch auf die Partnerschaft über.

Krisen gibt es in jeder Ehe, weil jeder von beiden sich verändert. Je weniger in einer Ehe Kommunikation geübt wird, umso weniger nimmt jeder wahr, wann der andere durch eine Persönlichkeitsveränderung geht. Deshalb wird er dann sein Anderssein auch nicht begreifen können.

Krisen entstehen auch durch permanente Überforderung einer oder beider Partner im Berufsleben. Aber auch der Haushalt mit Kleinkindern oder Teenagern kann eine tägliche Stresssituation bedeuten. Hormonveränderungen während des Zyklus oder im Klimakterium machen weniger belastbar und verändern den Menschen. Ebenso gibt es durch lang anhaltende Krankheiten Missverständnisse, weil sich beide überlastet fühlen, der eine durch Krankheit und Schmerzen, der andere durch zusätzliche Arbeiten, die er übernehmen muss. Es gibt auch Dauerkrisen, die ihren Ursprung in unverarbeiteten Erlebnissen haben oder auf mangelndem Selbstwert beruhen.

Am häufigsten tritt eine Ehekrise durch fehlende Ehepflege ein. Viele Ehen gehen auseinander, weil das Grau des Alltags die Lebendigkeit der Ehe tötet.

Kleine Geschenke erhalten die Freundschaft, sagt ein Sprichwort. Dazu gehören:
- ein liebevoller Blick beim Weggehen
- eine freundliche Umarmung beim Nachhausekommen
- eine Blume
- ein Liebesbrief
- eine Überraschung
- ein Ausgeh-Abend, mindestens einmal pro Monat

Solche Geschenke sind der Schlüssel für gute Begegnungen im täglichen Miteinander. Auch Mithilfe, Anerkennung, Zärtlichkeit, Verständnis trotz Fehlverhaltens zeigen dem anderen:

»Ich mag dich. Auch wenn du nicht gut gelaunt bist, stehe ich zu dir.« Wir sollten nicht gleich beleidigt reagieren und uns zurückziehen, wenn nicht alles so läuft, wie wir es uns wünschen.

Wer seine eigene Krise wahrnimmt, muss den Ehepartner informieren. Ehe ist ein Organismus. Es genügt nicht, sich zusammenzureißen oder nur vor sich hin zu leiden.

Wenn der andere Bescheid weiß, kann er besser damit umgehen und darauf reagieren. Bei der Hochzeit haben wir versprochen, in Freud und Leid einander die Treue zu halten. Notzeiten zeigen die Tragfähigkeit der Ehe.

Wer von der Persönlichkeitskrise betroffen ist, fühlt sich häufig unverstanden und alleingelassen. Der damit konfrontierte Ehepartner ist aber oft mit der Situation überfordert und fühlt sich hilflos. *In diesem Fall muss ein Dolmetscher aufgesucht werden.*

Mit Dolmetscher meine ich einen Eheberater, der mit den beiden auf die Suche geht nach dem Beginn der Krise. Durch Gespräche kommt es dann zu einer schrittweisen Aufklärung, und man entwickelt gegenseitiges Verständnis. Vergebung führt zu einem Neuanfang. Außerdem muss erlernt werden, wie man sensibler miteinander umgehen kann.

Häufig bemerkt die Frau eine Ehekrise vor dem Mann.
Falls einer der Partner nicht bereit ist, eine Beratungsstelle aufzusuchen, sollte es der andere in Anspruch nehmen. Oft kommt schon etwas in Bewegung, wenn *ein* Ehepartner sich verändert.
Bitten Sie Gott darum, dass er Ihnen Weisheit gibt bei dem, was Sie sagen und wie Sie reagieren. Ihr Partner ist, wie Sie selbst, in einer schweren Lebenslage.

Beginnen Sie, Ihren Ehepartner zu segnen. Wer segnet, setzt Gottes Kraft frei. Gottes Segen wirkt wie ein guter Filter. Laufen Sie nicht weg in der Krise. Lernen Sie, sensibel zu werden und zu lernen, wann Sie zuhören, reden – und wann Sie liebevoll schweigen sollten. Bitten Sie Gott darum, dass die Krise Ihnen zur Reife dient.

9. Sprachen der Liebe und Missverständnisse

Warum sich einer aufopfern kann, ohne dass es der andere merkt

Vor einiger Zeit fiel mir eine Geschichte in die Hände, die mich beeindruckte. Ich verstand in diesem Gleichnis, das auf uns Menschen bezogen ist, warum mancher sich ständig in einer Partnerschaft aufopfern kann, ohne dass der andere das überhaupt wahrnimmt.

Der Hund und das Pferd. Ein Pferd hatte sich mit einem Hund angefreundet. Die beiden verstanden sich auf Anhieb. Leider konnten sie sich nur selten unterhalten, da sie nicht am selben Ort wohnten. In der Zwischenzeit dachten sie aber oft aneinander und überlegten sich, wie sie dem anderen Freude bereiten könnten. »Ich hebe meine besten Knochen für mein geliebtes Pferd auf«, überlegte sich der Hund und sparte sich die besten Knochen vom Mund ab. »Alle besonderen Halme, in denen noch ein paar Haferkörner sitzen, werde ich für meinen Freund, den Hund, aufbewahren«, entschloss sich das Pferd. Wie enttäuscht aber waren die beiden, als sie beim nächsten Wiedersehen mit der Gabe des anderen nichts anzufangen wussten.

Häufig meinen wir, dass unser Partner dieselben Bedürfnisse hätte wie wir selbst. Wir bringen uns ein, geben unser Bestes, und haben manchmal den Eindruck, es würde mit Selbstverständlichkeit hingenommen und nicht recht geschätzt.

»Seit Jahren decke ich meinem Mann den Frühstückstisch, richte alles hin, zünde sogar eine Kerze an und lege schöne Musik auf, als Einstimmung in den Tag. Nie hat er sich je dafür bedankt«, seufzte eine Frau, als ich sie fragte, was sie in ihre Beziehung einbrächte.

Der Mann stöhnte: »Seit Jahren halte ich dieses Zeremoniell aus und versuche zu schweigen. Mir geht das alles auf die Nerven. Das Kerzengeflacker stört mich in den Augen, die Musik hindert mich daran, mich richtig in die Zeitung zu vertiefen. Es wäre mir lieber, sie bliebe im Bett und würde mich in Ruhe den Tag beginnen lassen.« Die Frau brach in Tränen aus. Jahrelang hatte sie versucht, ihrem Mann damit etwas Liebes zu tun. Nun erst erfuhr sie, dass er sie beim Frühstück nicht einmal dabeihaben wollte.

»Und wie zeigen Sie Ihrer Frau Ihre Liebe?«, wollte ich von dem Mann wissen. »Ich bringe ihr jede Woche eine Rose. Bei besonderen Gelegenheiten sogar mehrere. Nicht viele Männer geben dafür Geld aus.« Ich spürte, dass er stolz darauf war. Aber dann verfinsterte sich seine Mine. »Sie bedankt sich inzwischen schon gar nicht mehr dafür. Manchmal sehe ich die Rose am nächsten Tag irgendwo liegen, weil meine Frau vergaß, sie in eine Vase zu stellen.«

»Rose hin, Rose her!« Die Frau begann wieder zu weinen. »Was helfen mir alle Rosen der Welt, wenn er mir keine Zuneigung zeigt?« Der Mann war fassungslos.

Die Sprachen der Liebe

Gary Chapman spricht in seinem Buch »Die fünf Sprachen der Liebe« von einer sogenannten Muttersprache, die sich jeder Mensch auf eine besondere Weise eingeprägt hat. Diese jeweilige Sprache verbindet er mit Zuneigung. Während sie in jeder freundschaftlichen Verbindung zunächst scheinbar problemlos gelingt, klafft sie mit der Zeit immer weiter auseinander.

Man erhofft sich, vom anderen die Form der Zuwendung zu bekommen, die man mit Freundschaft verbindet, und stellt schließlich enttäuscht fest, dass es scheinbar immer weniger wird. Das liegt daran, dass wir mit der Zeit geneigt sind, die Hellhörigkeit für den Partner zu verlieren und ihn mit »unserem Futter« (denken Sie an Pferd und Hund) zu versorgen.

Können Sie spontan äußern, was Ihr Partner/Ihr Kind/Ihre Mutter von den folgenden »Geschenken« am meisten schätzt?

Am ehesten ist das festzustellen, wenn Sie es einmal ausprobieren. Gary Chapman nennt fünf Möglichkeiten:
- *Lob und Anerkennung*
- *Zweisamkeit*

- *Geschenke*
- *Hilfsbereitschaft*
- *Zärtlichkeit*

Zweisamkeit kann man auch als »Zeit für gemeinsame Unternehmungen« verstehen und den Begriff »Zärtlichkeit« in der Ehe mit Sexualität verknüpfen. Bei Mutter/Vater/Kind würde »Zweisamkeit« beinhalten: Zeit zum Gespräch, zum Zuhören, zum Mitteilen von Schwierigkeiten, und »Zärtlichkeit«: den anderen in den Arm nehmen, ihm den Rücken massieren.

Ich möchte *»Zuverlässigkeit«* zu diesen Punkten hinzufügen, denn gerade dies ist die Sprache, die mein eigener Mann am besten versteht.

Wir sind inzwischen mehr als fünfzig Jahre miteinander verheiratet. Aber an diesem Punkt gab es viele Jahre lang immer neue Missverständnisse zwischen uns.

Mein Mann bat mich z. B.: »Nimm bitte die Post für mich mit und gib sie beim Postamt ab.« Oder er fragte mich, ob ich vom Dorf eine bestimmte Batterie für ein Gerät besorgen könnte. Ich sagte dies natürlich zu, zumal ich sowieso ins Dorf fuhr. Es kam aber vor, dass ich vor lauter eigenen Erledigungen vergaß, seine Post abzugeben. Oder ich kam nach Hause und hatte die Batterie nicht besorgt.

Mein Mann fragte mich danach. Aber dann schwieg er. Schwieg eisern. Wenn ich ihn darauf ansprach, sagte er, es sei nichts los. Versuchte ich ihm den Arm um die Schultern zu legen, wehrte er zwar nicht böse, aber deutlich ab. Brachte ich endlich in Erfahrung, was ihn kränkte, so war ich tief enttäuscht und fragte: »War das alles? Ist dir die Post wichtiger als ich?« Oder ich reagierte heftig: »Die Nachrichten anzuhören, ist wohl bedeutender, als mit mir in Frieden zu leben!«

Erst mit der Zeit begriff ich, dass meine Vergesslichkeit ihm das Gefühl gab, er sei mir nicht wichtig. Er empfand, dass es mir im Grunde egal war, ob ich etwas für ihn erledigen sollte oder nicht. Ich hatte diese Aufgabe übernommen – aber er war anscheinend zu unbedeutend, als dass ich mich noch daran erinnert hätte, das auszuführen, was ihm am Herzen lag. Oft verletzte ich auf diese Weise seine »Muttersprache« und war noch enttäuscht, wenn er darauf entsprechend reagierte. Denn ich unterstellte ihm dann, dass ihm z. B. die Post mehr wert als mein Wohlgefühl.

Versorgung

Früher war es für meinen Mann auch wichtig, dass das Essen um eine bestimmte Zeit fertig war. Das gab ihm das Gefühl, dass jemand für ihn da sei. Für seine Großmutter, die viele Jahre für ihn gekocht hatte, war das Essenkochen in einen festen Rhythmus eingebunden. Sie legte alle Liebe hinein. Für sie war dies das Zeichen, mit dem sie ihrem Enkelkind vermittelte: Es ist schön, dass du da bist.

Ich kochte immer gern. Aber in meinem Elternhaus war eine bestimmte Uhrzeit nicht so wichtig, ebenso wenig, was es zu essen gab. Es wurde vielmehr als Möglichkeit benutzt, um dabei Austausch zu pflegen, zu erzählen, sich mitzuteilen.

Meinem Mann gab es ein gutes Gefühl, willkommen zu sein, wenn ich rechtzeitig kochte. Ich aber suchte dabei das Gespräch, das regelmäßig blockiert war, wenn ich es nicht geschafft hatte, seinen Zeitplan einzuhalten.

Walter Trobisch stellt fest:
»Lob, Essen, Ruhe
gehören zu den Grundbedürfnissen eines Mannes.«

Er spricht dabei an, dass Männer häufig mit viel weniger in einer Ehe zufrieden sind als Frauen. Das ist sicher in jeder Partnerschaft unterschiedlich.

Je mehr wir aber die Sprache pflegen, die unser Ehepartner versteht, umso mehr wird er sich von uns angenommen und nicht ständig infrage gestellt fühlen. Fragen Sie doch einfach mal nach!
»Welchen Punkt findest du in unserem Zusammenleben am wichtigsten, damit du dich wohlfühlst?«

Innerlich haben wir einen besonderen »Liebestank«, wie Gary Chapman es bezeichnet, der zum Wohlgefühl beiträgt oder den Eindruck entstehen lässt, nicht geliebt zu werden. Was uns im Elternhaus als Beziehungsebene vertraut ist, das bringen wir auch im späteren Leben mit Zuwendung in Erinnerung. *Die*

Schwierigkeiten unserer Ursprungsfamilie, unter denen wir litten, werden uns in der eigenen Familie am empfindlichsten stören.
- Was sehe ich Gutes beim anderen?
- Bin ich fähig, es auszusprechen?
- Was erwarte ich von anderen, das ich selbst nicht zu bringen vermag?
- Wo überfordere ich andere durch meinen Perfektionismus?

Fehlinterpretationen

Ach, wie furchtbar! Wir sind mit dem Auto unterwegs. Gerade fahren wir durch ein Dorf. Die Glocken läuten. Ein Hochzeitspaar kommt die Straße entlang. Unwillkürlich werde ich an unsere eigene Hochzeit erinnert, die allerdings schon mehr als zwanzig Jahre zurückliegt. Gefühle werden lebendig. Wie glücklich war ich damals! Jetzt kommen mir auch die Tränen.

Mein Mann merkt es. »Stimmt etwas nicht?«, fragt er anteilnehmend.

»Da heiraten zwei«, antworte ich.

Er nimmt den Fuß vom Gaspedal und geht auf die Bremse. »Du kanntest diese Leute?«

»Nein, nein, ich wurde nur an unsere eigene Hochzeit erinnert«, erwidere ich.

»Ach, wie schrecklich!« ist sein Kommentar. Er gibt Gas und fährt weiter. Ich bin ganz schockiert und mache mir meine Gedanken: »Schrecklich fand er das also damals! Oder findet er heute unsere Ehe so furchtbar, dass er sich jetzt wünschte, doch nicht mit mir verheiratet zu sein?« Jetzt fühlte *ich* mich schrecklich.

Immer noch schweige ich. Inzwischen sind wir schon lange aus dem Dorf heraus und auf der Landstraße. Was soll ich entgegnen? Soll ich sagen: »Ich fand es auch furchtbar?« Das würde aber überhaupt nicht der Wahrheit entsprechen. Ich beginne mit meinem Vater im Himmel zu reden.

Jetzt weiß ich, was ich tun werde. Ich fasse mir ein Herz. Soll mein Mann mir doch genau sagen, was er meint. »Was war denn so furchtbar?«

Es ist ganz still im Auto. Aber schließlich antwortet mein Mann doch: »Wenn ich heute darüber nachdenke, war ich damals noch gar nicht fertig für die Ehe. Ich war noch so unreif. Aber das sehe ich erst heute so.«

Wie gut, dass ich nachgefragt habe. Ich wäre sonst zu falschen Ergebnissen gekommen, und die hätten dann wie Mauern zwischen uns gestanden.
Wer sich ein Herz nimmt und auf gute Weise Unklarheiten beseitigt, verhindert manche Fehlinterpretation, die sonst ungeklärt im Raum stehen bleibt.

Wenn jeder Ehepartner andere Schwerpunkte hat. Freude bereiten ist das eine – den anderen mit seinem Anliegen ernst nehmen, das andere.

Die Eimergeschichte: Unsere Freunde bauen an einem alten Haus, das sie vor längerer Zeit gekauft haben. Inge möchte ihrem Mann gerne eine Freude machen. Er wirkt oft bedrückt und überlastet. Sie nimmt sich vor, ihn zu überraschen. Seit dem Gespräch in der letzten Woche weiß sie, wie er sich vorstellt, die Balken des Fachwerkes an der Außenseite des Hauses zu streichen.

Obwohl sie nicht schwindelfrei ist, begibt sie sich aufs Gerüst. Es gelingt ihr auch, die Farbe gut anzubringen.

Voller Freude und Stolz zeigt sie ihrem Mann beim Nachhausekommen, was sie gemacht hat. Aber statt der erwarteten Freude kommt von ihm als erstes die Frage: »Wo ist der leere Farbtopf?«

Da sie diesen Eimer für seine Begriffe nicht richtig entsorgt hat, entsteht eine heftige Diskussion zwischen den beiden.

Sie möchte, dass ihre Arbeit anerkannt wird und ihr Mann sich freut. Ihn interessiert aber zunächst nur der Farbtopf, die Umwelt und das Pfand, das er bei der Rückgabe erhalten hätte.

Das Gespräch hat eine Eigendynamik entwickelt. Es geht nicht mehr um das Streichen oder den Eimer, sondern um die Grundsatzfrage, dass einer sich vom anderen nicht ernst genommen fühlt.

Inge schwenkt irgendwann um und wendet sich ihrem Mann und seinem Problem mit dem Farbtopf zu: »Ich werde ihn aus der Mülltonne herausholen und ordnungsgemäß abgeben«, sagte sie. »Das Pfandgeld werde ich dann in deine Hand auszahlen«, fügte sie so sachlich wie möglich hinzu.

Volker fühlte sich in seiner Sorge ernst genommen.

Jetzt kann er auch auf Inge eingehen: »Ich finde es großartig, was du geleistet hast. Vielleicht hätte ich es so gut gar nicht gekonnt. Und dass du für mich sogar auf ein Gerüst gestiegen bist, zeigt mir, wie sehr du mich liebst. Vielen, vielen Dank!« Er küsst sie sogar.

Auf den anderen einzugehen, ist kein Zeichen von Schwäche, sondern Weisheit.

Wer immer bei einem Gespräch entdeckt, dass es nicht mehr um den eigentlichen Grund geht, sollte versuchen, es in eine andere Richtung zu lenken.

Nicht jeder will den Trost, den wir ihm anbieten. Wir müssen trösten, wie es der andere braucht.

Während eines Ehegesprächs schilderte die Frau ausführlich ihre Bedrückung. Durch seine Körpersprache – abwinkende Bewegungen mit der Hand – ließ der Mann uns wissen, das dies alles nicht so tragisch beurteilt werden dürfe.

Die Frau bemerkte schließlich seine Handbewegungen und meinte enttäuscht und verärgert: »So ist das immer. Ich erzähle ihm etwas, was mich erschüttert oder mir Angst macht. Er aber wertet es ab und sagt dazu: ›*Nimm es doch nicht so tragisch!* Das wird schon wieder in Ordnung kommen. Warte ab und schlaf erst mal eine Nacht darüber, dann sieht alles schon anders aus.‹ – Als würde sich dadurch etwas verändern«, seufzte sie. »Er nimmt mich und meine Probleme überhaupt nicht ernst.«

»Das stimmt aber nicht«, wehrte sich der Mann nun doch sehr heftig. »*Du übertreibst nur immer.* Und ich will dir auf den Boden der Wirklichkeit helfen, damit du nicht so leidest.«

»Wie reagieren denn Sie, wenn Ihr Mann Ihnen etwas von seinen Schwierigkeiten berichtet?«, wollte ich von der Frau wissen. »Der erzählt nicht viel«, sagte sie schulterzuckend.

»Schon lange nicht mehr«, fügte er hinzu. »Wenn ich meiner Frau von meinen Problemen erzähle, wird alles hochkompliziert. ›Ach, wie furchtbar‹, kommentierte sie dann. ›Und stell dir vor, was dabei noch geschehen könnte!‹ Zum Schluss bekomme ich selbst Angst vor der geschilderten Situation. Sie wirkt dann für mich richtig bedrohlich. Deshalb erzähle ich ihr kein Wort mehr von dem, was durch meinen Kopf geht.«

Hier trösten sich zwei mit der falschen Sprache. *Dieser Mann müsste von seiner Frau hören: »Schlaf erst mal eine Nacht darüber, dann ist alles nicht mehr so schlimm. Es wird schon gut werden.« Dies würde seine Ängste abschwächen. Die Frau aber würde sich dadurch ernst genommen fühlen, wenn er alle schrecklichen Möglichkeiten mit ihr besprechen würde. Dann erst würde sie sich in ihren Ängsten richtig verstanden fühlen.*

Bei vertrauten Menschen müssen wir darauf achten, wie sie uns trösten, um in Erfahrung zu bringen, wie sie selbst getröstet werden wollen, wenn ein Problem vor ihnen steht.

Erwartungen sind die beste Möglichkeit, mit Enttäuschung konfrontiert zu werden. Für ein paar Tage war ich mit meinem Mann in einer Ferienwohnung im Odenwald zum Entspannen. Der Mond schien in einer warmen Sommernacht, als wir noch einen kleinen Spaziergang in den Wald hinein unternahmen. Mein Mann hatte seinen Arm um mich gelegt. Wir liefen schweigend nebeneinander her im tiefen Glück, einander zu haben. So dachte ich jedenfalls. »Schatz, an was denkst du?«, fragte ich liebevoll.

»Nun, da drüben muss irgendwo ein Berg sein. Auf ihm führt eine Straße entlang. Ab und zu sieht man nämlich Autolichter. Ich überlegte mir gerade, ob es die Lichter eines Mercedes oder eines VW sind, die gerade aufleuchteten.«

Diese Antwort ließ mich in Tränen ausbrechen. Mein Mann dachte über Autos nach, während ich liebevollen Gedanken über ihn nachhing. Nein, dieser Mann konnte mich nicht lieben. Er hatte mich womöglich noch nie geliebt!

Verzweifelt rannte ich den Waldweg entlang. Mein Mann kam hinterher. »Was in aller Welt habe ich denn verkehrt gemacht?«, wollte er wissen. »Ich hab doch nur ehrlich auf deine Frage geantwortet.«

Wir dürfen nicht erwarten, dass der andere fühlen muss, was wir gerade denken. Dazu hat Gott uns die Gabe der Sprache geschenkt.

Wer nicht enttäuscht werden will, muss lernen, richtig zu fragen und den anderen vorzubereiten.

Heute frage ich nicht mehr so naiv, was mein Mann denkt, um die Antwort zu bekommen, die ich erhoffte. Ich bereite seine Antwort vor, indem ich ihn einstimme, z. B.: »Ich fühle innerlich eine große Zuneigung zu dir«, würde ich heute bei solch einem Spaziergang sagen. Ich bin sicher, dass mein Mann mir dann nichts über Autolichter erzählen würde.

Mein Mann meint dazu: »Ich habe mir von Gott einen inneren Hebel wachsen lassen. Wenn meine Frau fragt: ›Hast du mich lieb?‹, spreche ich mit Gott und frage ihn: ›Herr, was will sie jetzt hören?‹«

Sprachen, die das Gefühl des Angenommenseins im Menschen fördern oder hindern, sind meist in der Kindheit erlernt. In der Partnerschaft erhofft man darin Heilung oder Fortsetzung der erfahrenen Heilung: Jemand, der nie gelobt wurde, wird besonders Anerkennung brauchen. Jemand, der nie gestreichelt wurde, kann sich nach Nähe sehnen.

Aber: Wer immer nur dann Anerkennung erhielt, wenn er funktioniert hat, wird seine Anerkennung beim andern möglicherweise nur ausdrücken, wenn dieser ebenfalls so reagiert, wie er sich das wünscht.

10. Die Sprache in der Erziehung

Berührung, Blick, Sprache

Berührung ist das erste, was ein Mensch wahrnimmt. Das Kind spürt im Mutterleib seine Mutter, lange bevor es sie gesehen hat. Es ist ein Teil von ihr und doch schon eine eigene Persönlichkeit. Es spürt Annahme und Ablehnung. Sehr früh schon kann es hören, lernt die Stimme der Mutter, aber auch die Stimmen im Umfeld kennen. Nach der Geburt sieht das Kind nur im Abstand von etwa 30 Zentimetern klar. Dies entspricht der Strecke zwischen Mutterbrust und ihren Augen, wenn sie sich dem Kind zuwendet. Dort begegnen sich die Blicke zwischen Mutter und Kind gleich nach der Geburt und prägen sich unvergesslich ein. Berührung und Blick sind die Verständigungsmittel, die ein Säugling ohne Worte begreift. Bei der Sprache versteht er zwar nicht den Sinn, aber hört aus dem Ton Angenommen- oder Abgelehntsein heraus.

»An der Mutterbrust hast du mich Vertrauen gelehrt.« (Psalm 22,10) Die Mutterbrust ist Ausdruck des Vertrauens. Dort ist alles »angewachsen«, was ein Kind braucht: *Nähe, Nahrung, Wärme.* Äußeres und inneres Wohlgefühl sind die Folgen. Das Kind kennt den Platz, an dem es geborgen und sicher ist. Wo man sich angenommen weiß, dort schenkt man Vertrauen. Vertrauen

ist die wichtigste Voraussetzung, damit Gehorsam freiwillig und gerne geschieht. Denn wo ich angenommen bin, da glaube ich, dass es jemand gut mit mir meint. Wenn ein Kleinkind quengelt, sucht es oft nur Nähe. Nähe ist in diesem Fall Sprache, aber auch Blick und Berührung. Damit wird ausgedrückt: »Du bist nicht allein.« Deshalb wird es an der Brust so schnell ruhig.

Dem Wort nachlaufen

Die Persönlichkeitsfindung des Kindes, das Bewusstsein, dass es ein Ich hat, nennt man auch Individuation. *Je mehr Temperament und Wille ein Kind hat, umso mehr wird es prüfen, ob unser Wort gilt.* Und es wird versuchen herauszufinden, wie es das, was es selbst lieber hätte, durchsetzen kann.

Die Eltern müssen jetzt lernen, an sich selbst zu arbeiten. Ihr Ja muss ein Ja, das Nein ein Nein bedeuten. Wenn sie etwas sagen, sollten sie dabei bleiben. In diesem Alter müssen Kinder erfahren, dass das Wort Gültigkeit hat, dass wir wirklich meinen, was wir sagen.

Trotz heißt: Ich weiß nicht, wer ich bin und was ich will. Aber: Ich bin wer und ich will etwas. Trotz ist das Herausfinden der eigenen Bedürfnisse, die Abgrenzung vom Du (Ich bin nicht du und will nicht du sein, aber bitte hab mich trotzdem lieb). Diese Phase ist wichtig, damit das Kind die eigene Persönlichkeit, seine Wünsche und Erwartungen entdeckt. Ein Kind, das durch keine Trotzphase geht, lernt nicht, sich als eigene Persönlichkeit abzugrenzen.

Als Erzieher darf und muss ich mich gefühlsmäßig abgrenzen, sonst führt das »Hineinfühlen in das Kind« (meist bei Müttern) zu emotionaler Überforderung. Die Folge davon ist eine unangebrachte Reaktion! Auf der anderen Seite sollte sich der weniger Emotionale öffnen lernen, (das gilt meist mehr für die Väter), um nicht nur nach Prinzipien zu handeln, in denen kein Leben ist.

Die Grundregel in dieser Phase heißt: *Mein Kind muss sich auf mein Wort verlassen können, sei es Ja oder Nein.*

Eine Mutter war mit ihrem Kind bei uns zu Besuch. Nachdem das Kind alle Tiere gesehen hatte, drängte die Mutter zum Heimgehen. Obwohl sie dem Kind das deutlich mitgeteilt hatte, und sich zur Haustür bewegte, ging das Kind zurück zu den Tieren. Sie war sehr ärgerlich darüber und sagte, zu mir gewandt: »Solch ein ungehorsames, ungezogenes Kind.« Ich konnte nur erwidern: »Auf, hinterher. Holen Sie Ihr Wort ein. Ihr Kind muss wissen, dass Sie meinen, was Sie sagen.«

Das Wort nicht entwerten

Mit unseren Kindern war ich auf dem Spielplatz. Ich saß auf einer Bank und genoss die warmen Strahlen der Abendsonne. Im Sandkasten baute ein Junge, den ich kannte, eine große Sandburg. Aus einem der umstehenden Häuser hörte ich von einer Frauenstimme seinen Namen rufen. Ich schaute zu dem Jungen, aber der zeigte keinerlei Reaktion. »Sven«, fragte ich ihn, »bist du nicht eben gerufen worden?« – »Doch«, antwortete er langsam, »das war meine Mutter. Aber die wird noch öfter rufen.«

Eine Mutter sagte mir, indem sie mich resigniert anschaute: »Man müsste einfach ein Diktiergerät mit immer denselben Bemerkungen besprechen und dann täglich abspielen lassen.« Wenn wir zuviel reden, ohne zu handeln, wird unser Wort entwertet.

Einmal reden, einmal wiederholen und sich vergewissern, ob die Anweisung verstanden wurde, dann muss eine Reaktion des Erziehers folgen.

Einen Kaktus umarmen – Teenager verstehen lernen

In einem Prospekt, in dem eingeladen wird, über die Teenager in der Familie nachzudenken, heißt es: »Wie umarmt man einen Kaktus?« Teenager wohnen meist in einem Chaos, das sie »meine Bude« nennen. Aus diesem tauchen sie dreimal am Tag auf, um sich in der Küche etwas zu essen zu holen, alle fertigzumachen, denen sie begegnen, und dann wieder zu verschwinden. Sicher ist dies nicht bei allen Teenagern so. Pubertät ist aber in jedem Fall eine schwere Zeit, in der *der junge Mensch nicht mehr Kind, aber noch nicht Erwachsener ist.* Er möchte nicht mehr gegängelt werden, frei sein in seinen Entscheidungen. Auf der einen Seite möchte er den Schutz des Elternhauses und wünscht sich, dass ihm alles Unangenehme abgenommen wird, auf der anderen Seite sucht er die abgesprochenen Grenzen zu durchbrechen, um sich seine Freiheit zu erobern.

Test: *Wie viel bin ich dir wert?* Eine unserer Töchter, mitten in der Pubertät, kam eines Tages nach Hause und teilte mir mit: »Mama, ab heute bekommst du nur noch mittags ein Küsschen. Das Morgen- und Abendküsschen fällt aus, denn ich bin jetzt erwachsen.« – »Nun«, antwortete ich, mit Traurigkeit im Herzen, die ich aber nicht zeigte, »daran werde ich hoffentlich auch nicht kaputtgehen.« Kurz darauf berichteten mir die anderen Kinder: »Mama, sie liegt im Bett und weint fürchterlich. Kannst du bitte nach ihr schauen? Wir können sie nicht trösten.« Nach langem Hin und Her kam es unter Tränen aus ihr heraus: »Ich dachte, du würdest um das Küsschen kämpfen. Ich meinte, es bedeutete dir etwas. Aber du gibst es so kampflos preis.«

Nicht immer will unser Teenager unsere Zustimmung und unser Einverständnis für das, was er sagt. Manchmal will er genau das Gegenteil hören und uns mit dem Gesagten nur testen. Dies gilt besonders für das Teenageralter unserer Kinder.

Versteckte Komplimente. »Mama, heute schreiben wir

in Deutsch eine Charakteristik«, erzählte eine unserer Töchter. »Und wen willst du charakterisieren?«, fragte ich interessiert. »Ich hab noch keine Ahnung«, meinte sie recht gleichgültig, »aber es soll jemand aus unserem engeren Familien- oder Freundeskreis sein.« Die Tage vergingen. Ich war neugierig, wen sie wohl gewählt hatte, aber sie wollte nicht drüber reden. »Musst du die Arbeit nicht unterschreiben lassen?«, erkundigte ich mich. Barsch antwortete sie: »Nicht, wenn die Note besser als drei ist.« Was war los mit ihr? Hatte sie nur schlechte Laune, oder war sie ärgerlich darüber, dass ich sie bat, ab jetzt ihre Wäsche selbst zu bügeln? Wieder vergingen einige Tage. Gutgelaunt kam sie von der Schule nach Hause. »Willst du meine Charakteristik durchlesen?«, fragte sie. Und ob ich wollte! Sie reichte sie mir, während ich gerade in der Küche stand. Ich war erstaunt, als ich die Überschrift las: »Meine Mutter«.

Wir hatten kein übermäßig schlechtes Verhältnis zueinander, aber ich spürte doch deutlich, wie wenig meine Tochter mit mir zufrieden war. Die Auseinandersetzung wegen mancher Markenkleidung, die ich nicht finanzieren konnte, die Ausgehzeit am Abend, über die wir unterschiedliche Ansichten hatten, die Taschengeldvorstellungen, brachten manche Diskussion mit sich.

Zögernd begann ich zu lesen, indem ich innerlich mein Herz festhielt. Je mehr ich weiterlas, umso mehr bildeten sich Tränen in meinen Augen. *Wer war diese Mutter, von der sie schrieb, dass sie sie schätzte, ihre Meinung achtete, sich gerne mit ihr auseinandersetzte?* »Meinst *du wirklich mich?«* Ungläubig schaute ich unsere Tochter an. Sie lachte froh: *»Tja, Mutti, ich hab doch keine andere Mutter als dich!«*

Ich bat sie darum, dass ich mir die Arbeit kopieren dürfe. Diese Charakteristik liegt jetzt bei mir im Schrank. Und jedes Mal, wenn ich daran zweifle, ob wir beide, unsere Tochter und ich, ein gutes Verhältnis zueinander haben, denke ich an die Kopie im Schrank.

Dem Kind etwas zumuten. Jedes unserer Kinder hat bestimmte Aufgaben. In der Teenagerphase fällt es den meisten besonders schwer, ihren Aufgaben nachzukommen. Auch wenn die Dinge ordnungsgemäß erledigt werden, sind sie doch oft begleitet von entsprechenden Worten, die nicht gerade erbauend klingen.

Was Mütter in der Regel am meisten trifft und ihnen Schuldgefühle macht, ist die Mimik, die deutlich Gefühle widerspiegelt.

Eine Tochter war mit Geschirrspülen an der Reihe, einer Arbeit, die bei allen unseren Kindern am wenigsten beliebt ist. Vorwurfsvoll stand sie an der Spüle und hantierte mit dem Geschirr. Ich versuchte, sie etwas aufzumuntern. Sie dagegen wurde sehr ärgerlich: »Es ist ja gar nichts falsch daran, dass ich an der Reihe bin. Spaß macht es aber trotzdem nicht. Bitte lass mich in Ruhe. Ich spül ja schon, das Gesicht musst du mir aber selbst überlassen.«

Belastung, die nicht überbelastet, macht belastbar. Ich darf dem Teenager zumuten, das Unangenehme zu tragen. Last macht tragfähig.

Faustregel: Lieber ein motziges Gesicht, das gehorcht, als eine beleidigte Mutter, die Liebe entzieht.

Reden, auch wenn scheinbar nichts geschieht. Neulich kam eine erwachsene Tochter zu Besuch. Sie ist inzwischen verheiratet und hat selbst ein Kind. Während sie in der Küche saß, wurde sie Zeuge einer Diskussion, die ich mit einem unserer Teenager hatte. Als wir danach wieder alleine in der Küche waren, sagte sie mit Besorgnis in der Stimme: »Mama, gib bloß nicht auf. *Du musst ihr die Grenzen zeigen. Du darfst ihr nicht vorenthalten, wie du darüber denkst. Bitte erlaube nicht alles!*«

Erstaunt blickte ich sie an: »Und das sagst ausgerechnet du? Bei dir hat es in diesem Alter doch auch nichts genützt, dass ich geredet habe! Hast du dich an die Grenzen gehalten, die ich dir damals setzte? Du hast doch manches trotzdem getan, obwohl ich dich flehentlich bat, es zu unterlassen!« – »Du hast völlig recht«, stimmte sie mir zu. »Aber wenn ich dagegen handelte, war da doch die Stimme meines Gewissens, die mir signalisierte, was falsch und richtig war. Ich entschied mich zwar anders, als ich sollte, aber ich wusste genau, dass es falsch war. Und das ist entscheidend. Die Grenzen wurden dadurch nicht verwischt. Ich überschritt sie, aber ich wusste, wo sie sich befanden. Bitte, bitte, hör nicht auf zu reden. Ich setzte wohl eine gleichgültige Mine auf. Aber ich habe genau zugehört. Ich stellte hinterher fest, dass du recht hattest. Und das war wichtig, um zu begreifen, dass deine Verbote nicht gegeben waren, um mich zu gängeln, sondern um mich zu bewahren!«

Sicherheit der Grenzen. Man muss wissen, wo die Grenzen sind, um sie zu überschreiten! Der junge Mensch braucht, ja, er will sogar die Sicherheit der Grenzen, um das Ziel nicht aus dem Auge zu verlieren. Auch wenn er dagegen handelt, wird er hoffen, durch die Erfahrung die guten Ziele, die ihm vermittelt wurden, bestätigt zu bekommen.

Die Teenagerzeit ist die Phase mit den meisten Missverständnissen in der Sprache und dadurch die Zeit mit vielen Verletzungen.

Bei meinem Wort bleiben. Unbedingt wollte unser Junge zu einer Party. Aber ich merkte, dass er dort am falschen Platz war. Immer wieder bedrängte er mich. Aber ich blieb beim Nein. Am nächsten Morgen gestand er: »Danke, dass du es mir verboten hast. Tief drinnen spürte ich, dass ich nicht hinwollte. Dein Verbot ärgerte mich zwar. Aber eigentlich bin ich froh, dass du mir die Entscheidung abgenommen hast.«

Nicht nur Kinder dürfen sich abgrenzen, sondern auch Eltern. Wenn unsere Teenager zu laut mit mir reden und ich sie bitte, nicht so zu schreien, funktioniert dies nicht immer. Ich spüre, dass ich dann auch in Gefahr bin, mit demselben Ton und in der gleichen Lautstärke zu antworten. Wenn ich dies wahrnehme, ziehe ich mich ins Bad zurück und schließe die Tür zu. »Wir können weiterdiskutieren«, erkläre ich, »wenn du leiser mit mir sprichst – oder wenn du nicht mehr so aufgeregt bist. Lass uns erst eine Gesprächspause einlegen.« Das Kind ist selten damit einverstanden. Trotzdem führe ich diese »räumliche Trennung« durch. Im Bad liegen meist gute Bücher oder Zeitschriften, in die ich versuche, mich trotz des Schimpfens vor der Tür, hineinzuvertiefen. *Wenn es schließlich draußen still geworden ist, komme ich wieder heraus, um das Gespräch zu Ende zu führen.*

Unterlegen und überfordert. Oft kommen wir uns als Eltern im Gespräch unterlegen oder überfordert vor. *Dem jungen Menschen geht dies in noch weit größerem Maße so. Auch wenn er sich überlegen gibt, steht er doch in viel größerer Abhängigkeit zu uns Eltern, als er zugeben will. Er braucht uns, will aber gleichzeitig frei sein.*

Vor einiger Zeit wurde auch ich laut. Ich hatte mit einer Tochter diskutiert und ihre Lautstärke dabei übernommen. »Ich möchte eigentlich nicht in dieser Lautstärke mit dir reden«, sagte ich zu ihr, »es tut mir leid.« – »Wenn du wüsstest, wie gut mir das getan hat«, meinte sie erleichtert, »du scheinst auch nur ein Mensch zu sein.« Diese Erfahrung zeigte ihr, dass auch ich getroffen war und nicht alles so im Griff hatte, wie es anscheinend auf sie wirkte.

Wer die stärkeren Emotionen hat, mit dem setzen sich Kinder auch mehr auseinander. In unserer Ehe bin ich das. Eine Tochter antwortete auf meine Frage, warum sie diese Art der Auseinandersetzung nur mit mir und nicht mit meinem Mann führe: »Mit Papa kann man nicht richtig streiten. Er lässt sich gar nicht darauf ein. Ich brauche aber diese Diskussionen, um zu wissen, was ich eigentlich selbst will«, fügte sie hinzu.

Faustregel beim Umgang mit eigenen Teenagern:
- zuhören
- die Ablehnung nicht glauben
- ihnen etwas zumuten
- sie trotz ihres Kaktuswesens liebhaben

Ihre Abnabelung geschieht auch durch ihren Ungehorsam.

Teenager testen ihre Eltern mit Ablösungs- und Konfrontationstests, um Grenzerweiterungen zu erreichen:
- Wie weit kann ich gehen?
- Wie erreiche ich am besten mein Ziel?
- Wie setze ich meine Meinung durch?
- Wie werde ich selbst am wenigsten verletzt?
- Wie erreiche ich am schnellsten wieder Harmonie?

Die meisten Kinder sind abends offen für ein Gespräch. Wenn sie im Bett liegen, evtl. schon das Licht gelöscht ist, packen sie manches aus, was im Lauf des Tages nie möglich wäre. Bei den Kleinen sitze ich am Bett und singe ihnen etwas vor oder bete mit ihnen. Bei den Größeren fällt oft der Gesang flach, später manchmal auch das Gebet. *Gebet sollte keine Verpflichtung sein. Auch das einfache Gespräch ist wichtig.*

Es gibt eine Zeit, da dürfen wir mit unseren Kindern über Gott sprechen, und eine Zeit, da dürfen wir mit Gott über unsere Kinder reden. Jedes Mal wird dabei der Kreis geschlossen, der das Kind miteinbezieht.

Manchmal stehe ich am Bett eines Teenagers, um für ihn zu beten, wenn er schon eingeschlafen ist. »Segne diesen jungen Menschen, der es im Moment so schwer mit sich selbst und mit mir hat«, betete ich manchmal. Oft schon habe ich erlebt, wie am nächsten Morgen unser Verhältnis zueinander besser war. Ich weiß nicht, ob Gott mein Kind über Nacht anrührte, oder ob er mir eine andere Sichtweise mit dem Gebet gab. Jedenfalls habe ich darin schon oft Gottes Antwort erfahren.

Äußerlichkeiten nicht überbewerten. Alle Kinder saßen schon im Auto. Wir wollten miteinander in die amerikanische Kirche fahren, in der zu dieser Zeit unsere geistliche Heimat war. Meistens gingen alle unsere Kinder gerne mit, denn die Atmosphäre war locker und liebevoll.

Nun warteten wir auf unser Teenager-Mädchen. Endlich kam sie aus dem Haus. Aber wie sah sie aus? Ich schaute meinen Mann entsetzt an.

Da kam sie holpernd auf viel zu hohen Stöckelschuhen, mit denen sie bei jedem Schritt umknickte. Der Rock entsprach einem breiten Gürtel, auf dem Kopf trug sie einen auftoupierten Turban, in die Haare hatte sie eine bunte Strähne gefärbt.

Ohne Worte wussten mein Mann und ich: Wenn wir sie zum Umziehen wieder ins Haus schickten, würde sie nicht mehr mit in den Gottesdienst gehen. Also versuchten wir sie auch nicht dazu zu bewegen.

Ich konnte nur schaudernd darüber nachdenken, was wohl die anderen Kirchenbesucher denken und fühlen würden. Unter diesem Eindruck näherten wir uns der Kirche, an der uns der Pfarrer begrüßte. Unsere Tochter stöckelte vor uns her.

»Du siehst wundervoll aus«, rief er aus. »Was hast du dir für Mühe gegeben!«

In seinen Worten lag so viel liebevolle Annahme, dass ich spürte, wie er sich von Gott leiten ließ.

Unsere Tochter ging zum Gottesdienst. Und sie geht heute immer noch, weil sie damals spürte: »Ich bin angenommen, ich bin willkommen.«

Heute braucht sie allerdings keine solchen Verkleidungen mehr, um zu testen, ob sie auch angenommen ist, wenn sie verrückt spielt.

Unser eigenes Nein aushalten lernen. »Euer Ja sei ein Ja, euer Nein ein Nein«, sagt Jesus in Matthäus 5,37.
Eines unserer Mädchen wollte unter allen Umständen zu einer Party. Sie plagte mich täglich damit, es zu erlauben. Alle anderen dürften kommen und sogar übernachten,

nur sie nicht. Wir sprachen viel über diese Sache, und ich erklärte ihr, warum ich sie auf diese Party nicht gehen lassen wollte. Schließlich machte sie ihrer Freundin klar, dass sie nicht kommen würde. Voller Erleichterung sagte sie mir nach der Schule: »*Mama, danke, dass du es mir verboten hast. Eigentlich wollte ich auch nicht hingehen, aber ich hatte Angst davor, meiner Freundin zu sagen, dass ich nicht teilnehmen würde.*«

Mit einer anderen Tochter führte ich eine ähnliche Diskussion. Sie forderte mich immer wieder zu einem Gespräch auf, obwohl ich mehrmals mit »Nein« reagiert hatte. Nach einigen Tagen fand wieder ein Gespräch zum selben Thema statt. »Willst du mich auf den Arm nehmen oder einfach plagen?«, wollte ich von ihr wissen. »Keines von beidem«, antwortete sie und klopfte mir dabei auf die Schulter. »*Eigentlich will ich nur wissen, ob du immer noch bei deiner Meinung bist.*« Sie wollte also sehen, ob ich ihre Angelegenheit ernst nahm und mir gründlich Gedanken darüber machte, was gut für sie wäre. *Sie erwartete, dass ich nicht aus Prinzip mit Nein antwortete. Meine Entscheidung sollte begründet sein.*

Tipps für das Familienleben

Stellen Sie sich in der Kommunikation mit den Kindern eindeutig zum Ehepartner. Hinterher können Sie mit ihm dann immer noch durchsprechen, was man anders regeln könnte.

- *Kinder sind Gäste.* Der Partner bleibt. Er muss im Mittelpunkt des Denkens stehen. Ehe ist Arbeit. Sie ist ein Organismus, der ständig ernährt werden muss, um nicht zu verkümmern. Ernähren heißt: Das Werben umeinander darf nie aufhören. Eltern haben Vorbildfunktion für die spätere Ehe der Kinder.
- *Das Gespräch ist der Atem jeder Beziehung.* Als Paar müssen wir Zeit zum Austausch einplanen, damit uns die Sprache des anderen nicht fremd wird. Auch das Gespräch mit den Kindern ist von Bedeutung. Die besten Möglichkeiten dazu ergeben sich oft vor dem Schlafengehen, wenn man am Bett sitzt. Aber auch das gemeinsame Essen sollte Zeit zum Gespräch beinhalten.
- *Berührung ist lebens-not-wendig.* Berührung nimmt einen Teil der Verletzungen hinweg, die durch Missverständnisse entstehen können. Berührung baut auf, gibt dem anderen das Gefühl, wichtig zu sein. Wer sich gut fühlt, bekommt ein Gefühl für den anderen. Dabei brauchen die Kratzbürstigen besonders viel Zuwendung, weil sie innerlich mit sich selbst nicht zurechtkommen. Berührung ist eine positive, nonverbale Sprache, die eindeutig ist und ausdrückt: »Ich mag dich.«
- *Lob und Ermutigung sind die Vitamine für den Alltag.* Positives muss ausgesprochen und nicht nur gedacht werden. Erst mehrere positive Aussagen wiegen eine Negativaussage auf. Also dürfen wir nicht nur kritisieren, sondern Gutes aussprechen lernen. Lob erspart manche Kritik. Lob motiviert zum Guten.
- *Unsere Blicke sind das Kommunikationsmittel mit der*

stärksten Aussage. Mit ihnen könnten wir töten, wenn sie körperlich wirken würden. Mit ihnen könnten wir aber auch heilen, lebendig machen und Annahme signalisieren. Den Blick sollten wir viel öfter bewusst einsetzen, um mit ihm unsere Botschaft zu transportieren. *»Du bist wundervoll, ich mag dich; es ist schön, dass es dich gibt.«*

• *Einander vergeben* – Unversöhnlichkeit nimmt dem anderen ein Stück Lebensrecht. Auch wir selbst verarmen dabei. Unser Gefühl darf nicht zum Maßstab unserer Gedanken werden. Gott gab uns einen Willen, den wir bewusst einsetzen sollen, um unsere Gefühle in die Schranken zu weisen. Meistens dauert es einige Zeit, bis sich unsere Gefühle in die richtige Richtung lenken lassen. Oft benehmen sie sich dabei wie Esel, die kaum vom Platz zu bewegen sind. Aber sie gehorchen schließlich doch, wenn wir ihnen beharrlich zeigen, welchen Weg wir gewählt haben.

• *Empfindlichkeit verlieren* – je mehr ich entdecke, wie wertvoll ich für Gott bin, umso weniger werde ich davon angefochten, was andere über mich denken. Je weniger ich weiß, wer ich bin, umso schneller fühle ich mich verletzt, nehme alles sehr ernst und persönlich. Besonders Frauen lassen sich leicht verunsichern. Das frustrierte Gesicht unseres Kindes, wenn es z. B. Geschirr spülen soll, sollte uns nicht daran hindern, es ihm dennoch »zuzumuten«. Machen wir Gefühle nicht zum Maßstab aller Dinge! Jeder hat mal Launen. Die gelegentlichen Launen des anderen müssen nicht gegen uns gerichtet sein.

• *Sich bewusst und deutlich mitteilen* – manche Missverständnisse beruhen auf einer falschen Art von Rücksichtnahme. Wir wollen nicht verletzen. Deshalb ertragen wir manches, was der andere vielleicht ändern könnte. Gott gab bei der Schöpfung dem Menschen einen Mund und zwei Ohren. Das zeigt das richtige Verhältnis beim Sprechen: erst gut hinhören und dann mit Bedacht reden!

- *Einander annehmen, wie Christus uns angenommen hat* – wer ängstlich darauf bedacht ist, nur soviel zu geben, wie er selbst zurückbekommt, macht sich und anderen das Leben schwer. Er ist zu sehr mit sich selbst beschäftigt. Weil Christus uns angenommen hat, dürfen wir geben, ohne in der Angst zu leben, dass wir zu kurz kommen. Wir wissen, dass wir von Gott »Nachschub« erhalten. Einander annehmen, wie Christus uns angenommen hat, heißt: im anderen das Bild Gottes sehen – einen Blick dafür bekommen, dass dieser Mensch – sei es der Ehemann, die Ehefrau oder unser Kind – ein Gegenüber Gottes ist, das er geschaffen hat. Ich darf diesen Menschen annehmen, weil mein Vater im Himmel zu ihm in einer gleichen Beziehung steht wie zu mir. Häufig sind es gerade die schwierigen Menschen, die den Wachstumsimpuls für unsere Reife beisteuern.

- *Füreinander beten und einander segnen ist das Geheimnis allen guten Miteinanders.*

Man kann nichts Besseres für einen Menschen tun, als für ihn zu beten. Beten heißt, sich an die allerhöchste Instanz zu wenden, der alle Macht im Himmel und auf Erden gegeben ist. Uns erscheint Gottes Wirken manchmal ein wenig zu langsam. Aber er erachtet dies für nötig, damit wir Geduld lernen – Geduld mit den Schwächen des anderen, aber auch mit unseren eigenen Schwächen. *Wer betet, geht zum Herzen Gottes und findet dort den Vater, der ihn am besten versteht. – Segnen setzt die Kraft Gottes frei.* Gott kommt in unsere Mitte, zwischen uns als Filter und als Dolmetscher, hinter uns als Stütze, vor uns als Bewahrung, über uns mit seinem Geist, der uns erleuchtet, damit wir den andern mit seinen Augen sehen können.

11. Vergebung, Heilwerden und segnen

Wer anfängt zu vergeben, wird selbst frei

Statt Bitterkeit soll bei uns Vergebung sein! Das beste Beispiel hierfür finden wir in der Josefsgeschichte (1. Mose 50,15): Nach Jahren ungerechter Behandlung durch seine Brüder wird Josef als Sklave nach Ägypten verkauft. Dort arbeitet er im Hause des Potiphar. Durch eine falsche Beschuldigung landet er im Gefängnis. Mitgefangene, denen er ihre Zukunft voraussagt, vergessen ihn zunächst völlig. Mehr als zwanzig Jahre lebt er getrennt vom geliebten Vater und seinem kleinen Bruder. Höhepunkt der Geschichte ist, dass er seine Brüder wiedersieht, als er Macht über sie hat. Er rächt sich nicht, sondern vergibt ihnen.

Er sieht ihre Missetat als einen Teil von Gottes Plan. Als er ihnen gegenübersteht, sagt er: »Ihr gedachtet es böse zu machen, Gott aber gedachte es gut zu machen!«

Hätte Josef sich in Ägypten dem Selbstmitleid hingegeben, weil seine Brüder ihn so gemein behandelt hatten – er wäre verzweifelt. Oder wäre seine berechtigte Frustration gegenüber Potiphar, der seiner falschen Frau mehr glaubte als ihm, entsprechend gewachsen, wäre er dort wahrscheinlich aus lauter Gram gestorben. In Schwierigkeiten sehen wir im Voraus selten Gutes. Sie scheinen vielmehr als Einbruch in unser Leben. Wir wünschen sie niemandem, am wenigsten unseren Freunden und uns selbst. Und dennoch sind es gerade die Krisen, die uns neu bewusst werden lassen, was Leben bedeutet.

Sie klären, was wichtig und unwichtig ist. Sie geben uns die Chance, das bisher Selbstverständliche in einem neuen Licht zu sehen.

Es ist eigenartig, dass ein gebrochenes Bein, nachdem es wieder hergestellt ist, zu einem ganz neuen Bewusstsein des Gehens führt. Und es ist eigenartig, dass genau diese gebrochene Stelle, wenn sie gut verheilt, so fest zusammenwächst, dass bei einem weiteren Unfall mit ziemlicher Sicherheit diese Stelle nicht mehr bricht.

Manchmal wollen wir anderen nicht vergeben, weil wir Angst haben, diesen Menschen käme keine gerechte Strafe von Gott zu, was sie gerechterweise verdient hätten. Wir halten unseren Ärger, unsere Verletzung, unsere Enttäuschung fest. Und dabei erleiden wir selbst ungeheuren Schaden.

Denn die Menschen, die wir innerlich ›gefangen‹ halten, beschäftigen uns ständig. Wir geben ihnen Wohnrecht. Schließlich sitzen wir selbst im Gefängnis unserer Gedanken, unfähig zur Freude, voll von Bitterkeit und Verzweiflung.

Wer nachtragend ist, ist ständig damit beschäftigt, Lasten zu tragen, die andere ihm aufgelegt haben! Überlassen wir es doch Gott, wie er damit umgeht! Verlieren wir unsere Angst davor, Gott könnte nicht gerecht sein. Wir alle müssen einmal vor Gott, dem Richter, erscheinen, auch unsere Peiniger. Und Bücher werden aufgetan. Trauen wir Gott zu, dass er gerecht ist!

Gedanken werden zu Mächten, wo wir ihnen Raum geben. Alte Ungerechtigkeiten, Worte aus der Kindheit, Festlegungen durch Eltern können sich wie Flüche auswirken. Jesus sagt: *»Liebet eure Feinde, segnet, die euch fluchen!«* (Matthäus 5,44)

Vielleicht sagen Sie: »Nein, niemals werde ich das zulassen, dass ich denen auch noch Segen zuspreche, die mir Schaden zugefügt haben!« Das ist allein Ihre Sache. Und doch wird Ihnen selbst dabei viel größerer Schaden entstehen. *Fangen Sie an, Gott mehr Vertrauen zu schenken als den Stimmen in Ihnen, die nach Vergeltung schreien.*

Manchmal schafft man es nicht allein, herauszukommen. Jesus gibt seinen Jüngern in Matthäus 18 den wunderbaren Auftrag, Menschen in seinem Namen zu lösen.

Wenn Sie merken, dass Sie es allein nicht schaffen, vertrauen Sie sich einem seelsorgerlichen Menschen an. Sprechen Sie sich aus und beten Sie zusammen.

- Bei welchem Menschen stößt es mir bitter auf, wenn ich an ihn denke oder ihm begegne?
- Welche »alte Geschichte« macht mir immer noch Magenschmerzen?
- Wem trage ich etwas nach?
- Habe ich Angst davor, Gott könnte nicht gerecht sein?

Machen Sie dieses Gebet zu Ihrem eigenen:

»Vater im Himmel, du weißt, dass ich vergeben möchte. Aber da ist so viel Verletzung in mir, die mich hindert. Ich meine, ein Recht zu haben, bitter zu sein. Aber ich will mir ein Herz nehmen und darauf vertrauen, dass du gerecht bist. Deshalb gebe ich meine Angelegenheit in deine Hand. Ich möchte nicht länger von Bitterkeit besessen sein, sondern du sollst in mir wohnen. Im Vertrauen auf dich bete ich: Vergib mir meine Schuld, wie auch ich denen vergebe, die an mir schuldig geworden sind.«

»Der Mensch ist nie so schön, wie wenn er um Verzeihung bittet oder selbst verzeiht.« Jean Paul

Bitten Sie Gott darum, dass er Ihnen Weisheit gibt bei dem, was Sie sagen und wie Sie reagieren! Lassen Sie nicht zu, dass negative Gefühle Sie bestimmen. Wo Vergebung stattfindet, ist immer eine Basis für einen Neuanfang da, egal wie schuldig der einzelne dabei geworden ist.

Heilwerden im Gespräch mit dem Vater im Himmel

Es gibt jemanden, der alle Sprachen der Welt versteht. Er begreift nicht nur die Bedeutung, sondern sieht dahinter den ganzen Menschen mit seinen Motiven, seinen Verletzungen, seinen ihm eigenen Auslegungen, seiner

Sehnsucht, verstanden zu werden. Er selbst gab den Menschen die Fähigkeit, miteinander zu reden.

Aber er schenkte auch die Möglichkeit, mit ihm ins Gespräch zu kommen. Er redet mit uns durch sein Wort – und wir dürfen mit ihm Kontakt aufnehmen im Gebet. *Wer seine Not zu ihm bringt, darf immer mit einem offenen Ohr rechnen.*

Als ich in einer bestimmten Lebenssituation meinem Mann immer wieder dasselbe erzählte, meinte er eines Tages: »Du, für heute ist es genug. Ich weiß es jetzt wirklich. Auch durch dein ständiges Reden wird sich nichts verändern.«

Ich ging daraufhin in den Garten und sprach mit Gott: »Herr, danke, dass ich es dir tausendmal sagen darf. Du wirst nicht müde davon, dass ich immer wieder dasselbe sage. Du verstehst meine Kümmernisse. Und noch viel mehr. Du kannst sie sogar ändern.«

Wir können den Nächsten auch mit unserem andauernden Reden überfordern.

Wer mit Jesus spricht, hat den besten Fürsprecher der Welt. Als ich mich in einer Lebenssituation einmal sehr allein fühlte, zeigte Gott mir einen Vers im Hebräerbrief (7,25). Dort heißt es von Jesus: »Er lebt für immer und bittet für sie.« Da wurde mir bewusst, dass Jesus beim Vater ist, um ihn an mein Leid zu erinnern. Ja noch mehr, dass er sich schon einen Weg für mich ausgedacht hat, auch wenn alles noch dunkel scheint. *Jesus tut seinen Mund für uns auf. Wir sind unendlich kostbar für ihn.*

Wenn wir Gott unser Herz ausschütten, können wir sicher sein, dass er es an niemanden ausplaudert, dass er kein Wort davon falsch versteht, dass er es auf seinem Herzen trägt. Dieses Gespräch wird uns auch die Augen öffnen, wie wir mit dem anderen umgehen sollen.

Gott hat mir bei solchen Unterhaltungen mit ihm gezeigt, wie mein Gegenüber eine Situation einschätzte. Dadurch konnte ich vieles besser verstehen.

Werden Sie heil am Herzen des Vaters und lassen Sie sich Augen schenken für Ihr Gegenüber!
Gehen Sie in den Sprachunterricht beim besten Dolmetscher der Welt!

Glauben Sie Gottes Wort mehr als der Schlange! Mit Evas Unterhaltung am Anfang der Bibel fing der Verlust des Paradieses an. Sie schenkte in diesem Gespräch der Schlange mehr Glauben als dem, was Gott gesagt hatte (1. Mose 3,1–6). Sie hinterfragte Gottes Aussagen und ließ das Wort der Schlange stehen.

Hinter allem, was unsere Gedanken beschäftigt, müssen wir uns fragen: Ist es Gott, der mit mir redet? Oder ist es die Schlange, die nur alles durcheinanderwerfen und bitter machen will?

Wenn ich entdecke, dass ich dem Falschen Gehör geschenkt habe, muss es eine Umbesinnung und eine Umkehr geben, auch wenn dies gegen meine Gefühle geht.

Unsere Gefühle können zum Guten und Schlechten verführen. Sie müssen geordnet werden. Es darf nicht so weit kommen, dass wir uns durch sie bestimmen lassen. Da hilft es, in der größten Not so zu schreien wie Petrus, als er in den Wellen am Versinken war: »Herr, hilf mir!«

Ergreifen Sie den Schild des Glaubens! In der Bibel finden wir in Epheser 5,21–33 wichtige Verse für den Umgang miteinander in der Ehe.

Die tiefe Weisheit, die Paulus hier ausspricht, heißt für mich:

Ihr Frauen,
plaudert eure Intuition nicht einfach heraus. Wartet auf den Gedankenprozess eures Mannes. Fühlt euch nicht besser dafür, dass Gott euch so einfach manches zufließen lässt. Überfahrt damit nicht euren Mann, der anders angelegt ist als ihr. Wenn ihr seine Meinung achtet, werdet ihr viel Geborgenheit und Schutz von ihm erfahren.

Ihr Männer,
wertet die intuitiven Eindrücke eurer Frau nicht einfach ab. Hört sie liebevoll an. Ihr werdet Gewinn davon haben. Füllt den emotionalen Tank eurer Frau (»Liebet eure Frauen«), dann wird es euch selbst gut gehen.

Wer seiner Frau Liebe zeigt, wo sie es besonders braucht, wird bei ihr eine Quelle für seinen eigenen Durst finden. Deshalb gilt:

Wer seine Frau liebt, ist ein gesunder Egoist.
Wer seinen Mann achtet, findet bei ihm Geborgenheit.

In Epheser 6, dem darauffolgenden Kapitel, spricht Paulus von einer *Waffenrüstung, die wir anlegen sollen.*

Solange wir auf dieser Erde leben, stehen wir in einer unsichtbaren, täglichen Auseinandersetzung. Das Reich der Finsternis streitet mit dem Reich Gottes. Wir sind in diesen Kampf hineingenommen.

Es gibt Tage, an denen ich die Spannung dieser Welten richtiggehend spüre. Ich stehe unter Stress, die Kinder sind gereizt, die ganze Familie ist in schlechter Verfassung. Das kann unterschiedliche Ursachen haben: Tiefdruckwetter, Grippekrankheit, Stimmung eines einzelnen, der die anderen ansteckt …

Wann immer uns dies bewusst wird, dürfen wir uns in der himmlischen Welt Hilfe erbitten. Beten Sie darum, dass Jesus durch Ihr Haus geht und es reinigt. Bitten Sie ihn um seinen himmlischen Begleitschutz.

Wenn Streit entsteht, machen Sie sich bewusst, dass es nur einen Gewinner gibt, den Satan. Dieser Gewinner hinterlässt zwei Menschen, die beide betrübt und verletzt nach der Schlacht zurückbleiben. Nur er lacht sich ins Fäustchen, wenn er Sie wieder zum Streit verleitet hat.

Auseinandersetzungen sind nicht grundsätzlich schlecht, um Dinge zu klären. Aber wo es zu gegenseitigen Verletzungen kommt, wird ein Gespräch zum Kampfplatz.

Der Schild des Glaubens ist nicht dazu gedacht, um

sich gegenseitig zu beschuldigen und selbst ohne Schaden davonzukommen! Hinter dem Schild wird dann ein falsches »Schwert des Geistes« ergriffen, um den anderen kleinzumachen: *»Wenn du dich nur unterordnen würdest«, sagt der Mann wütend. – »Wenn du mich nur lieben würdest«, weint die Frau enttäuscht.*

Wer entdeckt, dass ein anderer die Fäden zieht, sollte innerlich zu beten beginnen: »Feind, im Namen Jesu, weiche aus unserer Mitte!« – Bitte sprechen Sie das nicht laut aus, sonst fühlt sich Ihr Partner vielleicht persönlich angesprochen.

Viel wichtiger ist es, im Gebet miteinander hinter den Schild des Glaubens zu flüchten.

Mein Denkschema untersuchen. Satan versucht, unsere Gedanken zu benutzen, um uns in Unfrieden, in Disharmonie, in Verzweiflung zu stürzen. Ich erinnere mich dabei an eine Missionarin.

Zehn Jahre lang hatte sie in einem treuen Dienst in der äußeren Mission gewirkt. Gott gab seinen Segen. Auf irgendeine Weise brach Satan in ihr Denkschema ein. Bei einem Heimaturlaub schüttete sie ihr Herz aus: »Ich fühle mich nicht angenommen, ich fühle mich nicht geliebt, ich fühle, es ist alles umsonst. Da ist nichts, wo ich denke, dass es sich gelohnt hat, dafür zu leben.« Sie war in einer Lebenskrise, und Satan benutzte diese Krise, um alles infrage zu stellen, was vorher für sie wichtig war.

Unsere verletzlichste Stelle befindet sich dort, wo wir das Gefühl haben, nicht wirklich angenommen zu sein: »Im Grunde bin ich doch nicht geliebt. Der andere liebt mich nicht so, wie ich gerne geliebt werden würde. Ich bin nicht wirklich angenommen, sonst könnte der andere nicht so mit mir umgehen.« Das ist ein falsches Denkmuster. Der andere ist eben auch sich selbst, nämlich eine Persönlichkeit mit Defiziten, und kann gar nicht immer so sein, wie wir ihn uns wünschen. Genausowenig wie wir es sein können.

Mein Denkmuster unter Gott stellen. Wenn ich anfange, meine Gedanken mit Gott durchzudenken, höre ich auf ihn. *Auf wen man hört, dem gehört man.*

Wer auf Gott hört, weiß: »Ich bin geliebt von Gott – und ich habe etwas zu geben!«

Je unmöglicher der andere ist, desto mehr hat er es nötig, dass jemand zu ihm Ja sagt. Ich halte mir vor Augen: Gott nimmt mich absolut an, auch wenn der Mensch, der jetzt schreit oder schweigt, mich unterdrückt oder mir »etwas Falsches aufsetzt«, mich bedrängt. *In seinen Reaktionen erkenne ich seine persönliche Not.* Ich bin in Gott verankert. Wenn mein Denken unter Gott ist, kann ich sanftmütig bleiben.

In 2. Korinther 10 heißt es: »Wir nehmen gefangen alle Vernunft unter den Gehorsam Christi.«

Wenn meine Gedanken unter seinen Gehorsam kommen, stelle ich Christi Wort über jedes Menschenwort und auch über mein eigenes Denken.

Liebe sichtbar werden lassen. Gottes Liebe zu uns zeigte sich nicht darin, dass er so wundervolle Gefühle zu uns hatte. Er bewies seine Liebe, indem er eine Lösung suchte, um uns zu helfen. Auf diese Weise wurde uns das Beste geschenkt, was einem Menschen passieren kann!

Wir haben diese Liebe oft nicht in uns. Aber sie kann uns geschenkt werden. Durch den Heiligen Geist wird sie in unser Herz geschüttet (Römer 5,5), wenn wir wollen.

Diese Liebe verändert uns, dass wir uns nicht mehr um uns selbst drehen, sondern liebesfähig werden.

Seelsorge als Weg zur Befreiung

Seelsorge ist ein guter Weg, um Altes aufzuarbeiten und sich liebevoll etwas sagen zu lassen. Dazu gehört auch Unangenehmes, was man nicht von jedem annehmen könnte. In der Seelsorge sind mir im Gespräch oft Dinge klar geworden. Hintergründe wurden durchsichtig. Wenn Schuld bewusst wird, kann sie auch gleich ans Kreuz gebracht werden, dem besten Schuttabladeplatz der Welt.

Obwohl ich dachte, ohne Bitterkeit zu sein, kamen manchmal ungeahnte Tiefen hervor, wenn ich mir Zeit nahm, darüber nachzudenken. Und da gibt es auch immer wieder Angelegenheiten, in denen ich mir selbst nicht verzeihe, dass ich versagt habe. Das ist eine besondere Taktik Satans, uns in Traurigkeit zu stürzen und Gottesferne spüren zu lassen.

Schuld vergeben, das kann nur Gott selbst. Und doch tut es gut, wenn ein Mensch es ausspricht: »Im Namen Jesu, dir sind deine Sünden vergeben.«

Wer im Frieden mit Gott lebt, wird frei zur Gemeinschaft mit anderen. Ihm ist die Last genommen, sich nur um sich selbst zu drehen.

Vom Segen des Segnens

»Segnet, weil ihr berufen seid, Segen zu ererben.« (1. Petrus 3,9) *Beim Segnen kommt Gott in die Mitte zwischen zwei Menschen.* Der Mensch, der segnet, gibt seine Ansprüche, seine Verletzung an Gott ab. Dabei wird er selbst frei, Gott zu begegnen – und auch dem, der ihn verletzt hat. Die Rachegedanken verlieren ihren Wirkungsraum, der Mensch wird frei in der Gegenwart Gottes. *Beim Segnen wird Gott selbst aktiv.*

Wer segnet, sagt Ja zu Gottes Weg. Der Segen Gottes wirkt wie ein Filter. Er hält die schädlichen Stoffe zurück und befreit den Atem der Beziehung vom tödlichen Gift (Jakobus 3).

Der Segensspruch steht am Ende des Gottesdienstes, vielleicht deshalb, weil wir den Segen im Alltag so dringend brauchen. Aber wir sollten ihn nicht nur im Gottesdienst in Anspruch nehmen, sondern auch selbst praktizieren. »Segnet«, wird nicht nur zu Pfarrern und Pastoren gesagt, sondern zu jedem, der Umgang mit Gott hat.

»Sei gesegnet im Namen Jesu«, spreche ich über meinem schlafenden Teenager, bei dem ich vor einer Stunde noch am Bett saß und der mich dabei wissen ließ: »Komm noch ein wenig zum Plaudern. Aber bitte nicht zum Singen oder Beten. Das mach ich alleine oder gar nicht.«

»Der Herr Jesus segne dich«, sage ich zu meinem Jungen, bevor er aus dem Haus in die Grundschule geht. Und er nimmt manchmal meine Hand und legt sie sich auf den Kopf, wenn ich das vergesse.

»Herr Jesus, segne du meinen Mann, auch wenn er es meines Erachtens gerade nicht verdient hat«, bete ich, wenn mein Mann so anders reagierte oder entschied, als ich es mir vorgestellt hatte. Das wirkt so befreiend und nimmt Groll, bevor er sich überhaupt aufbauen kann.

»Segne meinen Chef, Herr. Ich komme nicht mit seinen Launen klar. Du weißt, wie es ihm geht. Ich fühle mich manchmal als Blitzableiter für seine schlechte Stimmung. Segne ihn, und hilf mir, in deiner Gegenwart zu bleiben.«

Fangen Sie an zu segnen, und sammeln Sie Erfahrungen mit dieser Kraftwirkung Gottes! Beginnen Sie, Ihren Ehepartner, Ihr Kind, Ihren Nachbarn, das Gemeindeglied … zu segnen.

Wer segnet, setzt Gottes Kraft frei.
Gottes Segen wirkt wie ein guter Filter.
Laufen Sie nicht weg in der Krise!
Lernen Sie, sensibel zu werden, wann Sie zuhören, reden – und wann Sie liebevoll schweigen sollten.
Bitten Sie Gott darum, dass Schwierigkeiten mit anderen zu einem Reifeschritt Ihrer eigenen Persönlichkeit werden.
Wer segnet, nimmt Anteil an Gottes heilender Kraft.

Sich einfinden am Thron Gottes

Wenn Ehepaare miteinander beten können, ist das ein großes Geschenk. Denn Gott sagt zu, dass, wenn sich zwei im Gebet vereinen, er sie hören wird.

Leider ist bei einer Auseinandersetzung auch das Gebet gestört. Keiner will mit dem anderen beten. In diesem Fall darf man *füreinander* beten. Ich nenne das: sich einfinden am Thron Gottes. Dort oben darf man schon klären, was hier unten noch nicht klappt. Manchmal treffe ich innerlich meinen Mann schon dort, auch wenn wir hier auf der Erde den Weg noch nicht ganz gefunden haben.

»Der Vater wirds schon richten«, heißt es in einem Lied von Peter Alexander. Es beschreibt den irdischen Vater, der die Dinge in Ordnung bringt, die geregelt oder repariert werden müssen. Wie viel mehr will unser himmlischer Vater für seine Kinder sorgen! *Wenn wir zu ihm gehen, wird er hören und erhören.*

Gebet der Gemeinde Jesu

Zu Beginn der Erweckung in England durch John Wesley entstand folgendes Gebet:

Vater, ich liebe meine Schwestern und Brüder.
Ich liebe sie, weil du sie liebst.
Ich liebe sie, obwohl sie alle Fehler haben und Fehler machen.
Vater, ich vergebe ihnen, wo sie sich gegen mich gewandt haben.
Ich bitte für mich selbst im Namen Jesu Christi um Vergebung, wo ich sie nicht liebte, wo ich mich von ihnen absetzte,
wo ich sie verurteilte,
und wo ich verächtlich dachte oder redete.
Herr, ich will mein Herz, meine Gedanken und meinen Mund bewahren, dass sie nichts Negatives und Zerstörerisches denken und sagen über meine Geschwister.
Negatives über andere erzähle ich nicht mehr weiter. Und wo ich von Unsegen höre, soll das von nun an nur noch ein Anlass sein, zu vergeben, zu segnen und zu lieben.
Heiliger Geist, fülle mich bitte mit deiner Agape, und lass mich davon überfließen. Nur durch dich wird unter uns das Wunder von Liebe und Einheit wahr.
Danke. Amen.

Gott ist auf unserer Seite

Ingrid Trobisch erzählte mir aus ihrer Zeit in Afrika: »Unsere fünf Kinder waren zwischen einem und neun Jahren alt. Eine liebe Afrikanerin betreute sie, während ich in der Schule unterrichtete. Eines Tages kam ich nach Hause und hörte ein riesiges Geschrei. Ich war erschrocken und meinte, dass irgendetwas passiert sei. Voller Unruhe stürzte ich in das Zimmer, aus dem der Lärm kam.

Da bot sich mir ein eigenartiges Bild. Meine Kinder schrien und tobten herum mit viel Temperament. Dazwischen saß die Afrikanerin und wiegte sich ruhig in meinem Schaukelstuhl hin und her. Als ich sie fragend anschaute, meinte sie mit einem Lächeln auf ihrem Gesicht: ›Es ist alles in Ordnung, Madame, Gott ist auf unserer Seite.‹ Und dabei deutete sie auf sich und mich.«

Gott ist auf unserer Seite. Er ist mit uns. »Darum fürchten wir uns nicht«, heißt es in Psalm 46,3.

»Es gibt auf der ganzen Welt keine tröstlicheren Worte als die vier Worte aus dem Psalm 23: DU BIST BEI MIR«, soll Immanuel Kant, der große Philosoph, gesagt haben.

Ein Hilferuf zu Jesus Christus genügt, um zu wissen, dass wir im Gespräch nie allein sein müssen. *Wenn er, der Gott des Himmels und der Erde, mit uns ist, brauchen wir uns nicht mehr zu fürchten. Und er kann unser Wort gebrauchen, um sein Wort für Menschen zur Heilung werden zu lassen.*

Anhang

In der Vergebung dürfen wir aktiv werden bei einem göttlichen Geschehen. Denn Gott ist ein Gott der Wiederherstellung und des Lebens. Überall, wo Vergebung geschieht, leuchtet ein Strahl der Ewigkeit auf diese Erde.

Vergebung ist nicht das Versprechen, nie mehr zu fehlen, sondern der Schmerz über das Versagen in der Vergangenheit.

Vergebung ohne den festen Willen zur Veränderung ist Reden in den Wind. Aber die Kraftlosigkeit des menschlichen Willens muss mit eingerechnet werden.

Wer Vergebung annimmt, ist bereit, Gottes Wundöl für den Schmerz anzunehmen, den der andere ihm zufügte.

Wer um Vergebung bittet, soll auf die Stufe des anderen steigen, mit dessen Augen das Weh sehen, das er ihm bereitet hat. Er muss begreifen, was er dem anderen angetan hat, auch wenn er dies nicht wollte. Nur wenn er die Wunde sieht, wird er verstehen, was er angerichtet hat, und kann richtig bitten.

Meist sind wir so sehr mit unserer Verletzung beschäftigt, dass unser eigener Schmerz den Schmerz, den der andere fühlt, in den Hintergrund drängt.

Wer vergibt, wird frei von dunklen Gedanken. Er gibt seine Berechtigung auf, dem anderen zu grollen.

Wer anderen etwas nachträgt, ist belastet. Denn er trägt eine Last, die auf seinem eigenen Rücken sitzt und ihn bedrückt. Nachgetragene Lasten sind die schwersten Bürden unseres Lebens.

Vergib uns unsere Schuld wie auch wir vergeben unseren Schuldigern! Dieses Gebet, das Jesus uns lehrt, ist keine Drohung, sondern ein riesiges Angebot. Denn wer dem anderen vergibt, überlässt Gott seine Rachegedanken.

Wer vergibt, lässt seine inneren Gefangenen frei, die er sonst ständig mit Gedanken »versorgen« muss, weil sie hungrige Insassen sind, die täglich nach mehr schreien.

Wer andere entlässt in die Hand Gottes, ist frei, die Gedanken Gottes zu denken – und nicht immer den fremden, zerstörerischen seine Gehirnzellen zur Verfügung zu stellen.

Wer nachträgt, muss ständig seinen Vorrat sortieren, um seinem jeweiligen Gegenüber auch rechtzeitig etwas vorzuwerfen zu haben.

Sorge du dich um die Schuld, über die du Buße tun musst! Sonst gehst du noch verloren, weil die Schuld des anderen dich daran hindert, darüber nachzudenken.

Hab keine Angst, dass dein Schuldner leer ausgehen wird. Gott ist gnädig, aber er ist auch gerecht. Übergib deine Sache dem besten Richter. Dein Schuldner wird einmal vor seinem Thron stehen, und es wird abgerechnet werden. Deshalb sieh zu, dass du bei Gott Gnade für dich selbst findest.

Gedanken sind herrschsüchtig. Untersuche, wer dich beherrschen will. Womit du dich beschäftigst, das wird dein Denken bestimmen. Unser Leben ist eine Auswirkung dessen, was wir denken.

Mit welchen Gedanken schläfst du ein, und mit welchen wachst du auf? Das sind die Mächte, die dein Leben bestimmen wollen. Mache jeden einzelnen Gedanken zu einem Gebet.

Unversöhnliche Gedanken sind Plagegeister, die unser Leben bestimmen wollen, ohne von uns eingeladen zu sein. Wir sollten sie hinauswerfen, sobald wir sie erkennen. Sie fliehen vor dem Namen Jesu, und sie hassen Gebet.

Wer Buße tut, mit dem feiern die Engel im Himmel. Denn sie können nun ungehindert auf der Himmelsleiter zur diesem Menschen auf- und absteigen. Wer Buße tut, dem ist der Weg bereitet zum Vater durch das Blut des Sohnes. Und wenn die Schuld noch so laut schreien will, das Blut Jesu bringst sie zum Schweigen.

Auch wenn Menschen mir nicht vergeben können, so wird Jesu den Schrei meines Herzens hören. An seinem Herzen ist Raum für mein Herz. Seine Vergebung ist größer als die von Menschen. Ich darf frei sein bei ihm, auch wenn Menschen dazu unfähig sind.

»Selbst wenn unser Herz uns verdammt, ist Gott größer als unser Herz.« (1. Johannes 3,20)

Das sagt Gottes Wort. Und es steht über meinem eigenen Wort.

Auch wenn ich mir selbst meine ungeheure Schuld nicht vergeben kann, so hat Jesus doch auch diese Schuld mit ans Kreuz genommen. Der Schuldschein ist zerrissen. Ob ich es fassen kann oder nicht: Satan hat kein Anrecht mehr darauf, mich zu beschuldigen. Jesus ist an meine Stelle getreten. Ich bin frei!

Es ist geradezu eine Vermessenheit, mir selbst nicht zu vergeben, wenn Jesus zusagt, dass er mir vergeben will. Als wollte ich Gottes Gnade abweisen! Wenn ich meine Schuld größer sehe als seine Barmherzigkeit, mache ich mich größer als ihn. Deshalb bezwinge ich meinen Stolz und glaube ihm mehr als mir selbst.

Ich habe nie einen glücklichen Menschen getroffen, der nicht ein Mensch der Vergebung gewesen wäre. Ja, ich behaupte geradezu, dass ein Mensch nur wirklich glücklich sein kann, wenn er die Vergebung Gottes angenommen hat für seine Schuld und für die Verletzungen, die ihm andere zugefügt haben.

Wer darauf wartet, dass einer ihn um Vergebung bittet, der ihm böse mitgespielt hat, kann manchmal ein Leben lang warten und dabei unglücklich sein.

Mach dir klar, wer dich verletzt hat. Mach dir bewusst, wie sehr es schmerzt. Gib zu, wie weh es getan hat. Und dann gib es weg in die Hand Gottes, und lass dir von Jesus die Wunden verbinden.

Wer nie »Au« schreit, wenn er verletzt wird, der enthält seinem Gegenüber vor, dass er ihm wehgetan hat. Er nimmt ihm damit auch die Möglichkeit, ihn um Vergebung zu bitten.

Segnen (ein Gesprächsmittel, das ich nicht gegen, sondern für beide einsetze, ohne es mitzuteilen):

Segnen ist die große Kraft in der Kommunikation, weil ich Gott zu meinem Gespräch dazubitte. Wenn ich den anderen beim Gespräch segne, stelle ich einen

Schutzfilter zwischen uns. Und der ist nicht gegen den anderen gerichtet. Aber er schützt mich, damit seine Pfeile mich nicht treffen und ich in der Liebe bleiben kann.

Dieser Schutzfilter darf mich nicht überheblich machen, etwa im Sinne von: Ich fühle mich gut, dass ich nicht aggressiv auf seine Aggressionen reagiere. Ich fühle mich überlegen, weil ich viel cooler argumentieren kann.

Wie eine Bekannte es ausdrückte: Früher war ich sehr stolz darauf, wie demütig ich sein konnte!

Diese Art Stärke ist menschlicher Art.

Gottes Stärke in uns beruht darauf, dass ich mich unter den anderen stelle, mit seiner Ungeduld leide, seine eigentliche Not heraushöre und nicht nur auf ihn reagiere.

Literaturnachweis

Richard Carlson
Alles kein Problem
Droemer-Knaur-Verlag, München

Gary Chapman
Die fünf Sprachen der Liebe
Verlag der Francke-Buchhandlung, Marburg

Henry Cloud/John Townsend
Nein sagen ohne Schuldgefühle
Edition Trobisch, Hänssler-Verlag, Neuhausen

Ruth Heil
Ich für dich – du für mich. Rezepte für die Liebe
Verlag Johannis, Lahr

Ruth Heil
Mit vierzig fängt Frau an zu leben
mediaKern, Wesel

Michiaki und Hildegard Horie
Vom Reden und Schweigen
Brockhaus Verlag, Wuppertal

Marianne Kawohl
Ich gestatte mir zu weinen
Wie man Traurigkeit durch Tränen überwindet
Herder Verlag, Freiburg

Marianne Kawohl
Mach dich mal wieder schön
Psychotherapeutische Erfahrung mit Kleidung
Herder Verlag, Freiburg

Roberts Liardon
Trau dich, nein zu sagen
Verlag Zapf und Hofmann, Landstuhl

Susan Quilliam
Körpersprache erkennen und verstehen
Bassermann'sche Verlagsbuchhandlung, Niedernhausen/Ts.

Deborah Tannen
Du kannst mich einfach nicht verstehen
Ernst Kabel Verlag, Hamburg

Heidi von Wedemeyer
Ohne Ärger geht es nicht. Aggressionen als Wegweiser zu uns selbst
Blaukreuz-Verlag, Wuppertal

Christian Weisbach/Ursula Dachs
Emotionale Intelligenz
Gräfe und Unzer Verlag, München